www.selfevent.com

www.hifun.co.kr

www.selfevent.com
www.hifun.co.kr

www.selfevent.com

www.hifun.co.kr

www.selfevent.com

www.hifun.co.kr

해피&북스

밀레「만종」

___________________ 님께

이 책을 드립니다.

년   월   일

___________________ 드림

머 리 말

솔로몬!

당대 가장 뛰어난 지혜의 사람이었다. 이스라엘 왕들 중 최고의 부귀영화와 지혜를 소유한 사람이었고 강하면서 평화롭고, 현명함과 지혜로움을 함께 갖추었다. 한 아기를 둘러싼 두 여인의 친모 주장 분쟁을 탁월한 기지로 해결한 것으로도 유명한 지혜로운 사람의 대명사다. 아울러 분별력 있는 총명한 성품의 소유자였기에 다른 나라의 통치자들이 그의 뛰어난 지혜를 배우러 왔을 정도였다. 이스라엘의 최고의 번영을 도모할 만큼 정치, 경제, 외교적 수완 또한 뛰어난 사람이었다.

유머!

말을 실수하는 것보다 유머를 실수하는 것이 더 큰 실수다. 유머는 낚시하는 방법이 아니라 사격술이다. 그렇기 때문에 유머는 장전이 된 총과 같다. 장전이 된 총은 나를 보호해 주지만, 잘못 사용하면 내가 죽을 수도 있다.

유머 있는 사람이 유리하다. 하지만 유머는 품질이 있다!

솔로몬 유머!

이 책은 지혜와 웃음이 묻어있고, 감동과 기쁨이 넘쳐나는 재미있는 책이다. 독자 모두에게 지혜와 판단력에 도움을 줄 뿐만 아니라 상식을 넓히고 특히 창의력과 유머감각을 키울 수 있도록 하였기에 책 이름이 [솔로몬 유머]다!

필자의 소망!

2000년 전의 십자가 사건은 예수 그리스도 혼자만의 사건이 아니라 성령으로 인한 우리의 사건이다. 그렇기 때문에 십자가 사건으로 우리의 옛사람은 십자가와 함께 이미 죄 값을 치렀기에 크리스천은 결코 벌(정죄) 받을 일이 없다. 얼마나 기쁘고 즐거운 것인가? 그렇기 때문에 교회에서 사랑하는 사람들끼리 만나면 [웃음꽃]이 피어나야 한다. 하지만 크리스천의 웃음은 세상 사람들이 웃고 즐기는 것과는 본질적으로 다른 천국의 소망을 가진 웃음이다. 그래서 사도 바울은 옥중에서도, 훗날 최후의 승리자가 되어있을 자신을 생각하며 [항상 기뻐하라!] [다시 말하노니 기뻐하라!]고 말했던 것이다.

솔로몬유머는 단순히 웃기는 차원의 책이 아니라 메시지가 있는 책이다. 실없는 웃음이 아닌 행복한 웃음이고, 말초신경을 자극하는 순간적 미소가 아닌 영원한 기쁨의 미소를 위한 것이다. 필자는 많은 크리스천들이 예수 그리스도의 십자가에만 머물러 부활의 [영광과 기쁨]을 외면하고, 그것을 누리는 것을 찾아보기 힘든 안타까운 마음에 이 책을 쓰기로 결심했다. 왜냐하면 성숙한 크리스천이 된다는 것은, 항상 깊은 한숨과 침묵 그리고 눈물 속에서 이루어지는 것이 아니기 때문이다.

솔로몬유머는
　　①즐거운 신앙생활
　　②재미있는 가정생활
　　③성경에 대한 관심
　　④교회의 웃음 꽃
　　⑤유머 감각 향상
　　⑥원만한 인간관계
　　⑦감동적인 예화
　　⑧건강한 웃음
　　⑨행사의 자료
　　⑩심신의 재충전을 위해 심혈을 기울였다.

성경 전체 인물을 한 사람으로 압축하면 예수그리스도다. 마찬가지로 성경전체 역사를 하나로 압축하면 부활의 영광과 영원한 기쁨 즉 웃음이다. 따라서 크리스천의 생활은 1 년 중 1 주간만 고난 주간이고, 나머지는 기쁨의 성탄절과 영광의 부활절이 되어야 한다. 왜냐하면 크리스천은 눈물보다 웃음이, 슬픔보다 기쁨이 더 성경적이고 더 잘 어울리기 때문이다. 세상살이에 찌들어 웃을 일이 별로 없는 크리스천들은, 이 책을 통해 교회가 얼마나 재미있는 곳인가를 느껴 진정한 웃음을 실컷 웃고 참 기쁨이 무엇인지를 깨달았으면 한다.
한 걸음 더 나아가, 교회에 대한 편견을 갖고 있는 사람과 교회에 한번도 나오지 않았던 사람들이 이 책을 통해 새롭게 열린 마음으로 교회를 향한 힘찬 첫발을 내디딜 수 있었으면 좋겠다. 정말이다!

끝으로 이 책의 내용은 특정종교나 개인에 대한 감정이나 고의성이 없음을 밝혀둔다.

2007년 1월 30일

전쟁에서 **승**리하여 **훈**장 받은 전 승 훈

성경 기록에 대하여 여러 방면으로 생각할 수 있는 기회를 제공함으로써 생각의 틀을 넓히고 유연한 유머감각을 키울 수 있도록 문제를 만들었다.

솔로몬 선택

성경과 좀더 가까워 질 수 있도록 흥미와 호기심을 자극하는 문제들로 꾸몄다. 성경 상식이 풍부해 지고 특히 시선집중을 위한 좋은 자료가 될 것이다.

O X 퀴즈

성경의 단어 뜻이나 중요한 내용들을 알기 쉽게 풀이하여 정리해 놓았다. 성경에 관한 궁금증과 갈등 해소에 도움이 되도록 하였으며, 성경공부의 자료로 유용하게 쓰이도록 만들었다.

성경공부

유머박사

유머박사

이 코너는 독자, 특히 크리스천들의 뒤쳐진(?) 유머 감각을 코미디언 이상으로 향상시키기 위한 이론적인 접근과 데이터를 제공하는 코너다. 충분히 생각하면서 읽고 연습하고, 김치를 숙성시키듯이 자신의 유머 감각에 저장시킨다면 유머학에 관한 한 박사(?)가 될 것이 분명하다.

오른쪽의 엽서를 지금 즐겁게 해줄 이에게 엽서로 보내세요.

유머 본문

각종 다양한 유머의 레퍼토리가 깔끔하게 정리되고, 필자의 정제과정을 거쳐 실려져 있다. 따라서 페이지마다 차례로 오려내도 무방하지만, 때와 장소 그리고 눈 높이에 맞춰 사랑하는 사람과 고운님, 특히 웃음이 필요한 성도에게 엽서를 띄우거나 공공장소 또는 화장실에 게시한다면 금상첨화錦上添花가 될 것이다. 특히 세 번 정도 읽고, 자신의 것으로 소화한다면 유머 감각을 키우는데 좋은 밑천이 되고, 적절한 찬스에 적시타適時打를 날릴 수 있게 된다. 특히 '유머 본문' 아래쪽의 'O X 퀴즈'는 엽서를 받는 이로 하여금 또 한 번 내화를 나눌 수 있도록 편집했다. 읽다보면 즐겁고, 좋은 시간을 가질 수 있을 것이다.

좋은 시간 되시길……

퀴즈

성경과 좀더 가까워 질 수 있도록 흥미와 호기심을 자극하는 문제들로 꾸몄다.

이 코너는 감동적인 '예화'를 정리해 놓았다. 예화란 본문을 더 쉽게 이해하도록 하기 위한 조연이다. 예를 들자면, 초등학교 교과서에서 본문 내용을 이해하기 쉽게 옆에 그려져 있는 삽화(Cut)와 같은 것이다.

'예화'는 본문만 가지고는 그 의미가 명확히 전달되지 않을 때, 비유적인 표현으로 그 의미를 명확하게 해 주는 윤활유 같은 역할을 하는 것이다.

예화 사용시 주의사항

① 원래의 목적과 부합되는 것을 선택한다.
② 듣는 사람의 눈높이에 맞는 것을 선택한다.
③ 생활 속의 친근한 것을 선택한다.
④ 간단하고 명료한 것을 선택한다.

성경책에 나오는 인물 중 한 사람의 부모가 될 수 있다면, 누구의 부모가 되고싶나?

동정녀 탄생은 오직 '예수님뿐' 이다?

(8:너ㅁ) ○

독생자獨生子 예수

우리말 성경과 사도신경에 '외아들'이라고 번역되어 있는 이 말은 우리나라의 남아선호男兒選好 사상에 근거한 '귀한 아들'이 아니라, '하나님의 아들은 예수 그리스도말고는 없다'는 뜻으로 '하나님으로부터 유일하게 탄생된 아들'을 가리키는 것이다. 구원에 이르는 길은 오직 예수님뿐임을 말하는 것으로 유일한 구원唯一神 이라는 뜻이다. 그러므로 '독생자'란 개념은 일반적인 '외아들'이란 개념보다 신학적으로 더욱 깊고 신비스러운 뜻을 내포하고 있고, 다른 이로는 구원받을 수 없다는 뜻이다.

유머박사

내가 너희를 웃게 하리라!

십자가 처형은 형벌의 한 방법이기 때문에 십자가 위에서 죽은 사람은 예수님말고도 많이 있다. 그러나 모든 죽음은 죽음으로 끝이 났지만, 죽음을 이기고 부활한 사람은 오직 예수 그리스도 뿐이다. 이것은 인류역사에 있어서 전무후무前無後無한 사건이다. 그렇다! 예수님의 부활은 '승리!' '기쁨!' 이다. 그러기에 예수님의 죽음은 눈물의 십자가에서 멈추지 말고 부활의 '영광과 기쁨' 까지 이어져야 한다.

오른쪽의 엽서를 지금 즐겁게 해줄 이에게 엽서로 보내세요.

기 도

배가 파도에 휩쓸려 가라앉자 선장은 소리쳤다.

"누구 기도할 줄 아는 사람 없나?"

"제가 기도할 줄 압니다."하고 한 사나이가 앞으로 나왔다.

"좋아! 그렇다면 기도를 해주게."하고 선장이 말했다.

그 사나이가 기도를 시작하자 선장은 다시 외쳤다.

"나머지는 구명조끼를 입고,

구명정에 올라타라! 서둘러라!! 시간이 없다!!!"

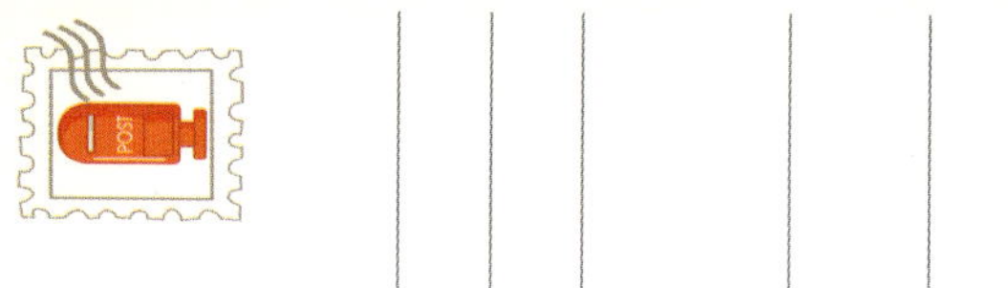

단어 시험

어떤 심리학 교수 한 분이 40여명의 학생들에게 단어 연상 시험을 냈다. '크리스마스'란 단어를 주고 생각나는 것을 하나씩 적어보게 한 것이었다. 그 대답은 각각이었다.

'트리' '가시나무' '선물' '칠면조' '휴일' '캐럴' '산타클로스' 등등 이었다.

그러나 '예수님의 생일'을 적어낸 학생은 아무도 없었다.

성직을 제외하고, 어떤 직업이 신앙생활을 하기에 가장 좋은 직업이라고 생각하나?

초대교회의 초대집사는 '일곱 명'이다?

(행6:3) ○

사도시대 使徒時代

성령강림절(오순절)에서 시작되어 예수님의 제자弟子인 사도들이 살아서 활동하던 시대, 즉 원시 기독교 시대의 최초의 한 시기를 말한다. 년도 상으로는 30~33년, 또 33~100년경까지인데, 예수님께서 전도를 시작한 때부터 약100년 간의 시대를 말한다. 이 시기의 역사적 배경을 알 수 있는 중요한 자료로는 신약성경의 사도행전使徒行傳과 여러 서간문들이 있고, 이 시대에 이르러 기독교가 온 세상에 전파되기 시작했고, 신약성경이 완성되고, 영적 세력聖靈이 성도들의 생활에 충만했다는 것이다.

유머박사

천국보장성 보험

크리스천이 웃는 것은 성경적이다. 데살로니가 전서 5장 16~18절에 "항상 기뻐하라, 쉬지 말고 범사에 감사하라."는 말씀이 있다. 이 말씀은 바울이 옥중에서 쓴 편지의 내용이다. 옥중에서도 이렇게 "항상 기뻐하라!"고 쓸 수 있는 이유(여유)는 크리스천은 확실한 보험 즉, 천국보장성 보험(?)에 가입되었기 때문이다. 일반보험은 본인이 죽고 나면 가족이나 친인척이 혜택을 받지만, 천국보장성 보험은 본인이 죽고 나면 본인이 직접 혜택을 본다는 것이 가장 큰 특징이다. 그래서 크리스천이 항상 기뻐해야 할 이유가 여기에 있다. 사도 바울도 이 보험(?)의 가입자이기 때문에 옥에 갇혀서도 "항상 기뻐하라!"고 외칠 수 있었던 것이다.

하나님과 사기꾼

이 세상에서 가장 사기를 잘 치는 사기꾼이 하나님과 대화를 나누게 됐다.

사기꾼: 하나님, 인간에게 10억 년이 하나님에게는 1초라면 쉬요? ?

하나님: 물론이지!

사기꾼: 그럼 인간의 10억 원이 하나님에게는 1원 이겠네요?

하나님: 당연하지!

사기꾼: 하나님, 그럼 저에게 1원만 적선해 주실래요??

하나님: 오냐, 알았다. 1초만 기다려라!!

사기꾼: 헉~~!!!

초대교회의 초대 집사는 '일곱 명'이다?

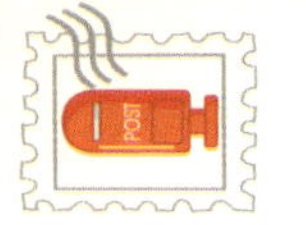

세상을 등지지 말라

신실한 믿음의 소유자로 평가받는 크리스천들 가운데 사회 생활에 적응하지 못하는 사람들이 상당수 있습니다. 예수님은 세상의 빛과 소금의 역할을 감당하기 위해서는 세상 사람들과 분리되어져 사는 것이 아니라, 세상 사람들과 어우러져야 하며, 그 속에서 더욱더 빛을 발하며, 맛을 내야 한다고 하셨습니다. 열왕기상 18장 3,4절 말씀에 나오는 '오바댜'를 보십시오. 그는 악독했던 '아합' 왕이 통치하던 시대에 궁내 대신을 지냈던 사람이었습니다. 그렇지만 그는 하나님을 크게 경외하는 사람이었습니다. 당신은 세상에서 어떻게 살고 계십니까? 세상에 뛰어들어 그들에게 빛이 되고, 소금이 되어 주십니까?

사람이 태어나서 죽는 것은 하나님의 섭리이다. 만약, 모든 사람이 영원히 죽지 않고 이 땅에서 산다면 지구는 어떻게 될까?

하나님께서 흙으로 사람을 지으시고 생기를 그 '입'에 불어넣으셨다?

× (창2:7)

사망死亡

의학적으로는 호흡과 심장의 박동이 완전히 정지하는 일을 말하며 또한 뇌파활동의 정지로 판단하기도 한다. 법률적으로는 생활기능이 영구적으로 정지함으로써 권리능력이 상실되는 것을 말한다.

기독교에서는 신체身體와 영혼靈魂이 분리된 상태를 '육체적 사망'이라 하고, 영혼이 하나님으로부터 분리된 상태를 '영적 사망'이라 한다. 영적 사망의 형벌결과로, 신체와 영혼이 지옥에 떨어지는 것을 '영원적 사망'이라고 한다.

유머박사

크리스천이 웃어야 되는 이유

크리스천의 웃음은 진정한 천국의 소망을 품고 살아가는 크리스천들의 신앙에서 우러나오는 웃음이다. 신앙생활을 잘하는 사람들은 세상의 풍파 속에서도 영혼과 육체의 평온과 안정을 유지하고, 어려움과 핍박을 이겨냄은 물론 기꺼이 자원하는 순교자의 자세로 살아간다. 이러한 일들이 가능한 이유는 천국에 소망을 두고 살기 때문이다. 이러한 사람들은 하늘에서뿐만 아니라 땅에서도 진정한 웃음을 웃는 사람이다. 웃는다는 것은 하나님께서 주신 가장 큰 축복 중 하나이며, 만병의 근원인 스트레스를 날려보내게 되고, 혈액순환과 신진대사가 원활해지고 노폐물과 유독 물질까지도 배출시킨다. 또 술, 담배보다 더 큰 친화력과 단결력을 갖게 한다.

◐ 오른쪽의 엽서를 지금 즐겁게 해줄 이에게 엽서로 보내세요.

목사님의 일침(一鍼)

내용은 없이 '바보!' 라고만 쓰여진 편지가 설교시간에 목사님께 전해졌다.

목사님이 하시는 말씀,

"이름을 쓰지 않고 내용만 적어 보내는 편지는 더러 보았지만, 이렇게 자신의 이름만 써보내는 건 처음 보겠습니다!"

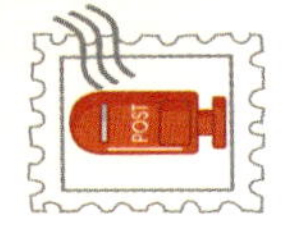

6일째

성경에 의하면 세계는 1일, 2일, 3일... 하는 순서에 따라 만들어져, 6일째에 완성되었다. 사람은 그 마지막 6일째 만들어졌다.

왜 인간은 마지막에 만들어졌으며, 그 이유는 무엇일까? 그것을 당신은 어떻게 해석하십니까?

탈무드에 의하면, 파리 한 마리도 인간보다 먼저 만들어진 것을 알게 되면 인간은 그다지 교만해지지 않을 것이라 했다. 사람들에게 자연에 대한 겸허를 가르치기 위한 것이다.

아담과 하와가 뱀의 유혹을 이겨내고 선악과를 따먹지 않았다면 성경의 역사는 어떻게 변했을까?

선악과와 생명나무는 에덴동산 '오른쪽'에 있었다?

(동쪽 /창2:9) × ○

원죄原罪

인간이 창조함을 받은 후에, 하나님과 생명의 관계를 지니며 낙원에서 살던 상태로부터 떨어져 인류전체를 비참하고 불행한 존재로 만든 아담의 첫 죄뱀의 꼬임에 넘어감를 말하며 '근본악根本惡'이라고도 한다. 이것은 사람이 원천적으로 가지고 태어나는 신분과 상태를 말하는데, 아담이 그의 의지를 잘못 사용하여 범한 죄가 우리에게 전가된 상태를 말한다. 대표로 아담이 모든 죄를 지었고, 또한 대표로 예수님 즉, 둘째 아담께서 십자가에 달려 돌아가심으로 모든 죄에서 해방되었다.

유머박사

잘못된 공식

일부 크리스천들은 유교와 세속적인 것이 성경말씀과 비정상적으로 접목이 되어있는 부분이 있기 때문에 진정한 기독정신과는 거리가 먼 생활들을 하고 있다. 교회 안에서의 눈물은 은혜로 연결되고, 웃음은 경망스러움 내지는 천박스러움으로 연결 지어 생각한다. 심지어 혼사를 치를 때도 사주팔자를 들먹이며 "좋지 않다는 것은 피해가야 좋은 것 아니겠어?"하는 식으로 신앙생활을 한다. 또 크리스천의 행동거지는 약간은 느려야 하고, 점잖아야 하고, 웃음을 억지로 참아야 하며, 철야나 금식기도를 해서 고뇌에 찬 표정과 약간은 쉰 목소리를 내어야 거룩한 것으로 생각한다. 안타깝기 그지없다. 크리스천끼리 만나면 즐거워야 하고, 웃음꽃이 피어야 하는 것을 모르는 사람들은 '빌립보서 4장 4절'을 다시 음미하길 바란다.

○ 오른쪽의 엽서를 지금 즐겁게 해줄 이에게 엽서로 보내세요.

최초의 남자

한 신학대학 교수가 기말고사 범위를 창세기로 정하고 구두시험을 보고 있었다.
학생들에게 질문을 하며 점수를 매기던 교수가 예쁘장하게 생긴 여학생에게 물었다.

"학생, 최초의 남자가 누구였나?"

교수가 묻자 여학생은 갑자기 얼굴이 새빨개지더니,

"쩌, 교수님. 쩌는 정말 그러고 싶지 않았는데요…"
하고 말 끝을 흐렸다.

그러자 교수가 하는 말,
"아니, 학생! 아담하고 무슨 일 있었나?"

선악과와 생명나무는 에덴동산 '오른쪽'에 있었다?

선과 악

　지구를 휩쓸었던 대홍수 때, 세상의 온갖 동물들이 노아의 방주로 몰려들어 구해주기를 애원하였다. 이때 '선善'도 급히 방주로 달려왔으나, 노아는 '선'이 배에 오르는 것을 허락하지 않았다. "나는 짝을 이룬 자 만을 태운다."고 하며 냉정하게 '선'을 쫓아내었다.

　그래서 '선'은 숲으로 돌아가 사방을 헤매다가 마침내 자기의 짝으로 '악惡'을 찾아 노아의 방주로 들어가게 되었는데, 이 때부터 '선'이 있는 곳에는 반드시 '악'이 있게 되었다.

하나님께서 어느 한 동물과 의사 소통을 할 수 있는 능력을 주신다면, 어떤 동물과 무슨 대화를 나누고 싶은가?

하나님이 지으신 들짐승 중에는 '뱀'이 가장 간교하였다?

(창3:1) O

교만驕慢

제 스스로가 잘난 체하며 겸손하거나 온유함이 없이 건방지고 방자함을 뜻한다. 성경에서 말하는 교만한 자는 하나님을 신뢰하기보다는 자기 자신이나 자신이 선택한 수단을 더 신뢰하는 자, 즉 하나님을 의지하지 않고 제 힘만 의지해 살겠다고 고집하는 것을 교만으로 정의하고 있다.

교만은 죄다. 따라서 자아自我를 객관적으로 보는 대신 주관적으로 보는 태도는 교만의 첫 걸음이자 씨앗이 되기도 한다.

유머박사

사람은 왜 웃나?

우선 사람이 왜 웃는지에 대한 이야기부터 하기로 하자.

물론 "웃겼으니까 웃는다!"고 말하자는 것이 아니다. 웃음보의 위치를 알고 있는지 묻고 있는 것이다. 1998년 6월 독일에서 어느 소녀의 간질에 대한 연구를 위해 인공자극 뇌파장치를 하고 검사를 하던 중 왼쪽 뇌의 중 상위 부분이(왼쪽 귀 윗부분에서 약 3cm~4cm 정도 안으로 들어간 곳) 뇌파로 자극을 받게 되면 인간이 웃게 되는 사실을 발견한 것이다. 뇌파를 약하게 자극하면 미소가 나오고, 강하게 자극하면 폭소가 나오는 것이었다. 이것이 우리들이 오래 전부터 이야기 해 오던 '웃음보'인 것이다. 이 '웃음보'를 자극하면 사람들을 웃길 수 있다.

오른쪽의 엽서를 지금 즐겁게 해줄 이에게 엽서로 보내세요.

거짓말 대회

어느 변두리 동네의 목사님이 심방을 가던 중, 골목길에서 꼬마들이 무언가를 가운데 놓고 둘러앉아 서로 다투고 있는 것을 보았다.

"너희들 왜 그러니?"
그러자 한 아이가 대답했다.

"이 치와와가요 길을 잃었나봐요. 그래서요, 지금 거짓말 대회를 열어서 가장 큰 거짓말을 하는 사람이 이 개를 갖기로 했어요."

"얘들아! 거짓말 대회라니?"
목사님은 아이들 옆에 같이 쪼그리고 앉아 성경말씀에 있는, 거짓말을 하면 어떤 죄를 짓는지에 대해 설명을 하였다.

"이제 알겠니? 나는 너희들 만한 때에 한 번도 거짓말을 한 적이 없단다!"
아이들 모두 잠시 침묵하더니 이내 눈짓을 주고받은 후, 뒤 쪽에 앉아 있던 그 중 제일 큰 꼬마가 벌떡 일어서더니 말했다.

"에이! 우리가 졌다!! 그냥 이 아저씨 주자!!!"

 퀴즈

하나님이 지으신 들짐승 중에는 '뱀'이 가장 간교하였다?

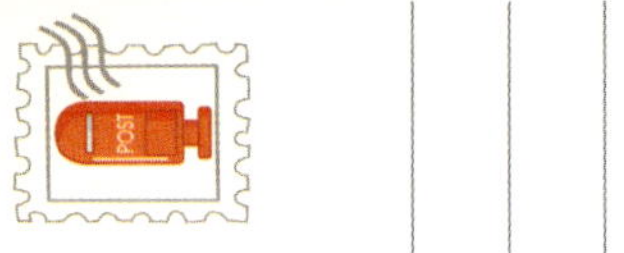

맡겨 라!

　옛날 자동차가 귀할 때 어느 선교사가 자동차를 몰고 시골길을 가다가 어떤 농촌 여인이 큰 보따리를 머리에 이고, 구슬땀을 흘리며 터벅터벅 걸어가는 것을 보았다. 선교사는 전도도 할 겸 차를 멈추고 차에 올라타라고 했더니 감사하다고 하면서 차의 뒤에 올라탔다. 얼마쯤 가다가 뒤를 돌아보니까 그 여인이 보따리를 머리에 인 채 이리 저리 쏠리면서 고생을 하는 것이었다. 그래서 "아니, 보따리를 왜 머리에 이고 계십니까? 어서 내려놓으세요!"라고 했더니,

　"어이구 제 몸만 탄 것도 감사한데 어떻게 짐 보따리까지 내려놓겠습니까?" 하더란다. 참으로 우스운 이야기 같지만 사실 우리들도 하나님을 믿는다고 하고, 기도도 한다고 하면서도 이와같이 일부만 맡기는 어리석은 신앙 생활을 할 때가 있다.

'천국'이라는 단어와 가장 거리가 먼 단어는(지옥과 죄악을 제외한다면) 무엇이라고 생각하나?

인류 최초의 범죄자는 '아담'이다?

(창1:24~31) ○

죄 罪

그리스어 'hamartia'의 본래의 뜻은 '과녁에서 벗어나다' '규범에 위배된다'는 것으로, 성경에서의 죄는 단순한 법률 또는 도덕에 대한 위반행위와는 구별된다. 즉 '하나님의 법'을 순종함에 있어서, 부족하거나 어기는 것 즉 불순종을 말한다.

유머박사

웃음보를 자극하는 통로 5감

웃음보를 자극하려면 옆구리나 겨드랑이를 간질이는 것뿐만 아니라 인간의 감각기관인 5감을 통해서도 가능하다. 이들 감각을 통해 웃음보까지 전달되는 정보의 강도나 농도 및 반응(미소~폭소까지)은 사람마다 전부 다르다. 왜냐하면 사람은 자기가 아는 만큼만 대화가 가능하듯이 자기가 아는 만큼만 웃게 되어 있기 때문이다. 유머의 내용이 자신의 수준(?)에서 약간 빗나가면 잠시 뒤에 웃게되고, 아주 빗나가면 무슨 소리를 들었는지 해석이 안 된다. 5감을 통한 웃음보의 자극을 강하게 받느냐, 약하게 받느냐 하는 것은 전적으로 듣는 사람의 상태나 환경 및 눈높이에 따라 천차만별千差萬別이다. 웃음보를 자극하는 방법은 크게 ①우월감 ②빗나간 상식 ③언어의 유희의 세 가지로 나눈다.

◐ 오른쪽의 엽서를 지금 즐겁게 해줄 이에게 엽서로 보내세요.

저 혼자서!

금지된 포커 놀이를 하다가 적발되어 군법회의에 회부된 세 명의 병사가 있었다. 이들의 종교는 각기 달랐는데, 한명은 카톨릭 신자였고 다른 한명은 기독교 신자였고, 그리고 또 다른 한명은 유대교신자였다.

– 법정에서 먼저 카톨릭 병사가 증언했다.

"성모 마리아님을 걸고 포커 같은 것은 한 일이 없다고 맹세합니다."

– 다음 기독교 병사가 말했다.

"마틴 루터를 걸고 말씀드립니다. 포커 같은 건 해 본 기억이 없습니다."

– 마지막으로 유대교 병사가 일어나더니 천연덕스럽게 말했다.

"판사님! 저 혼자서 포커를 할 수는 없지 않습니까?"

인류 최초의 범죄자는 '아담'이다?

하나님만이 아신다

　의사들간에 쓰는 은어 중에 'G.O.K'라는 은어가 있다. 이것은 '하나님만이 아신다(God Only Know)'라는 뜻으로 의사들이 사용할 수 있는 모든 의학적 수단과 방법을 모두 동원한 후, 그 결과는 오직 하나님만이 아신다는 뜻으로 쓴다고 한다. 몇 년 전만 해도 불치병으로 생각되던 많은 병들이 현대 의학의 비약적 발전으로 인해 점차 그 위세가 꺾이고 상당수 많은 병들은 간단한 약물치료로 완치가 가능할 만큼 현대 의학은 발전에 발전을 거듭하고 있다. 그러나 지금도 최첨단 시설에서 막 수술을 마치고 나온 의사들이나, 첨단장비로 환자들을 진찰한 많은 의사들이 마지막 한계에 부딪치면 'G.O.K'를 말하고 있다. 하나님은 모든 의사들의 치료 대상인 사람을 만드신 분이기 때문이다.

투명인간이 되어, 가장 위선적인 신앙생활을 할 것 같은 사람을 찾아가 몰래 볼 수 있다면 누구를 찾아가 보고 싶은가?

**O X
퀴 즈**

아담과 하와는 범죄 후에 '선악과 나뭇잎'으로 자기들의 몸을 가렸다?

(창세기/ 창3:7) × ↻

**성경
공부**

성경 聖經

창세기로부터 시작해서 요한계시록으로 끝나는 책이다. 창세기는 태초에 우주, 지구, 자연, 생명, 인간 모두가 하나님께로부터 창조되었음을 기록하고 있으며, 요한계시록은 새 하늘과 새 땅 즉 하나님 나라의 창조가 완성되는 것을 예언한다.

한국에서의 점자성경은 미국 감리회 여자 선교사 '로세타 셔우드 홀(Rosetta Sherwood Hall)'에 의해 만들어졌고, 점자성경의 획기적인 발전은 감리교인이었던 '한국 맹인의 아버지'로 불리는 박두성에 의해 이루어졌다.

유머박사

우월감

인간은 자신보다 한 수 위에 있거나 똑똑한 사람에게는 심리적으로 긴장상태가 되고, 한 수 아래인 사람에게는 이완상태가 된다. 웃음은 이완상태에서 나오는 반응이다. 다시 말해서 자신보다 어리석거나 멍청한 상황(꺼벙한 행동)을 만나면 긴장이 풀리면서 웃게 되고 이것이 자신의 자긍심自矜心이나 자부심自負心 또는 중요감重要感으로 연결되어 곧 우월감優越感으로 이어지고, 이 우월감은 '웃음보'를 자극한다.

코미디 프로나 연극에서 볼 때, 좀 모자란 듯한 연기를 하는 배우나 탤런트에게 더 정감이 가고 인기도 지속되는 이유는 바로 상대방에 대한 우월감을 느끼는 것에 있다. 일단 부담이 없고 '라이벌 의식'이 안 드니까…

↻ 오른쪽의 엽서를 지금 즐겁게 해줄 이에게 엽서로 보내세요.

최초의 옷

한 꼬마가 성경을 열심히 읽고 있던중, 성경의 중간쯤에서 바싹 말려진 나뭇잎 한 개를 발견했다. 꼬마는 나뭇잎을 들고 엄마에게 달려갔다.

"엄마, 내가 신기한 것을 찾았어."

엄마가 물었다.
"뭔데?"

꼬마는 흥분한 모습으로 나뭇잎을 엄마에게 보여주며 대답했다.

"아담이 입었던 옷이야!"

아담과 하와는 범죄 후에 '선악과 나뭇잎'으로 자기들의 몸을 가렸다?

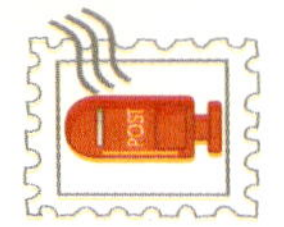

성경암송

통계에 의하면 글로 읽은 것은 15%가 남고, 시청각으로 보고들은 것은 25%, 손으로 써 본 것은 40%, 암송한 것은 100%남는다고 한다.

H.G.웰스는 지식, 정보를 잘 기억하기 위해서,

①정확한 입력 ②완전한 저장 ③완전한 출력을 경험해야 한다고 했다. 이 세 가지 기억 원리를 참고로 성경 구절을 암기하려면 불필요한 잡지식을 청소해 버리고, 매일 묵상과 기도로 성구를 되새기며 기억할 것을 명심해야 한다.

'빌리 그레함' 은 '하나님의 기관총' 이라는 별명답게 설교의 80%는 암송한 말씀(성구)을 총을 쏘듯이 인용했고, 예수님도 광야에서 사탄의 유혹을 말씀으로 물리치셨다.

피치 못할 사정으로 팬티 바람으로 교회에 출석하게 되었다. 경악驚愕하는 목사님과 성도들에게 뭐라고 말할까?

하나님께서 아담과 하와가 범죄한 후 그들을 위하여 지어 입힌 옷은 '가죽옷' 이다?

○ (창3:21)

율법律法의 요구要求

율법은 히브리어인 '토라' 에서 온 말로 '교훈' 이라는 뜻인데, 보통은 십계명을 중심으로 한 모세 5경(창, 출, 레, 민, 신)을 가리키나 때로는 구약성경 전체를 가리키기도 한다.

율법의 요구는 죄를 범한 인간들을 처벌하라는 것이었다. 그래서 예수님께서 인간들을 죄에서 구원하기 위하여 모든 사람의 죄를 대신하여 죽으셨다(롬5:10), (요1:29).

유머박사

우월감의 예

누구나 돌부리에 걸려 넘어지거나 얼음판 위에서 미끄러져 엉덩방아를 찧인 경험이 있을 것이다. 본인이 당하면 창피하고 몸둘 바를 모르겠지만, 남이 넘어지는 광경을 목격하면 폭소를 자아낸다. 이처럼 웃음은 '나는 최소한 너처럼 어리석거나 한심하지는 않다!' 라는 갑작스럽게 느낀 우월감優越感을 맛보았기 때문에 나온다. 다른 우월감의 예를 든다면,

① 머리를 숙이고 문을 통과하다가 머리를 '꽝!' 하고 부딪히는 광경을 봤을 때.

② 낮잠 자다 초저녁에 일어나 허둥대며, 학교로 가방 매고 뛰쳐나가는 광경을 봤을 때.

③ 와이셔츠를 벗었을 때, 손목에 손목시계가 2개 있는 것을 봤을 때.

◆ 오른쪽의 엽서를 지금 즐겁게 해줄 이에게 엽서로 보내세요.

빵집 주인

새벽기도 때마다
"주여!, 주여! 당신의 뜻을 이루소서 ! ! !"
하며 큰 소리로 기도를 드리고 있는 빵집 주인이 있었다.

이를 옆에서 지켜보던 한 집사가
타이르듯이 말했다

"여보시오, 기도소리를 크게 하는 대신
빵의 크기나 크게 하시오.
그것이 바로 주님의 뜻이오!"

하나님께서 아담과 하와가 범죄한 후 그들을 위하여 지어 입힌 옷은 '가죽옷' 이다?

버튼만 누르시오

　19세기의 유명한 전도자 '무디'가 탄광촌을 방문하여 책임자에게 구원에 관하여 설명하자 책임자는, "그거 구원이 너무 싸군요. 사실이라고 믿어지지 않습니다. 그저 믿기만 하면 된다니 값이 너무 싸단 말입니다. 뭔가 값이 좀 들어가야 할 것 같군요."라고 했다.

　무디는 "당신 오늘 갱에 들어 갔었나요?"

"네"

"얼마나 깊이 내려갔었지요?"

"수백 피트나 되지요."

"어떻게 내려갔습니까?"

"네 그것은 간단하지요. 승강기를 타고 버튼만 누르면 됩니다."

"그것밖에 하신 일이 없습니까?"

"그럼요"

"바로 그겁니다. 선생이 승강기를 타듯 하나님께서 우리를 위하여 당신의 독생자를 십자가에서 대신 죽게 하셨으니 우리는 그저 그 공로를 믿기만 하면 됩니다. 이미 십자가의 승강기를 놓으셨으니 믿음의 버튼만 누르시면 됩니다!"

POST CARD
우 편 엽 서

받는사람

보내는사람

나도 모르게 내뱉은 거짓말 한 가지를 취소할 수 있다면, 어떤 거짓말을 취소하고 싶은가?

가인의 죄는 '살인죄' 뿐이다?

(창4:9 /거짓말, 거짓말한 죄) ✕ ◐

속죄贖罪

어떤 사람이 지은 죄에 대하여 그 대가를 치르고 속량贖良받는 일로서 원래의 뜻은 포로나 노예를 그 주인에게 어떤 대가를 치르고 '되사는 일'이다(출21:8). 구약에서는 제물을 바치고 죄를 면했고(출29:36) 신약에서는 예수님께서 인류의 죄를 대신하여 십자가에 달려 돌아가심으로 인류의 모든 죄를 면하셨다. 또한 속죄는 하나님의 뜻에 순종하지 않은 인간의 죄를 대신하여, 예수님께서 십자가위에서 피흘려 돌아가심으로 인류의 죄를 속량한 일을 말하는데, 이를 가리켜 대속代贖이라고 한다.

유머박사

빗나간 상식

웃음을 자극하는 또 하나의 방법으로 '빗나간 상식'이 있다. 아시나요? 인간은 긴장 상태에서 이완상태로 넘어갈 때 심리적으로 편안해 지면서 마음의 여유를 찾고 웃게 된다는 것을…

실제로 잔뜩 긴장을 하고 있어 마음의 여유가 없는 사람에게는 아무리 재미있는 이야기를 들려주거나 코믹한 연기를 보여 줘도 웃지 못한다.

이런 사람에게는 '빗나간 상식'이 효과적이며, 이것은 인위적이지 않으면서 부드럽게 긴장상태에서 이완상태로 끌어내리는 역할을 하고, 이 '빗나간 상식'은 고정관념을 깨뜨릴 때 많이 발견할 수 있다.

❤ 오른쪽의 엽서를 지금 즐겁게 해줄 이에게 엽서로 보내세요.

외면

목사님이 성도들과 함께 영화관을 갔는데 화면에 야한

장면이 펼쳐지고 있었다.

목사님은 계속 고개를 숙인 채 영화를 보지 않았다.

그 때 한 성도가 뭐라고 하자

목사님은 고개를 들어 영화를 끝까지 봤다.

성도가 뭐라고 했을까?

"목사님! 헐벗고 신음하는 자를 외면하시나이까?"

가인의 죄는 '살인죄' 뿐이다?

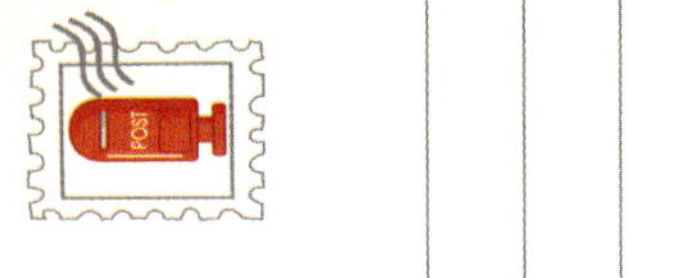

값 비싼 거짓말

항상 자신밖에 모르는 노신사가 기차에 올라 제일 좋은 자리에 앉아 바로 옆자리에 여행용 가방을 올려놓았다. 옆자리에 다른 사람이 못 앉게 하고 편안히 여행하기 위해서다.

기차가 막 떠나려 할 때 소년 하나가 같은 차량에 뛰어 올라와 그 늙은이의 옆자리에 앉아도 되느냐고 물어 보았다.

"자리가 있어요, 내 친구가 곧 올 거요."하고 늙은이가 대답했다.

"그럼 그분이 올 때까지만 앉아 있겠습니다."하고 그 가방을 무릎 위에 놓고 늙은이의 옆자리에 앉았다. 바로 그때 기차가 서서히 움직이기 시작하자 소년은 그 여행용 가방을 들어 창밖으로 내던졌다. 그 늙은이가 대경실색大驚失色하는 모습을 보이자 소년은 말했다.

"친구 분은 이미 늦었어요. 기차를 놓쳤으니 가방이라도 잃어버리지 않게 해드려야지요!"

성숙한 크리스천이 되기 위한 자질 중, 가장 중요한 것은 무엇이라고 생각하나?

에녹이 하나님과 동행한 연수는 '300년' 이다?

O (창5:22)

하나님의 섭리攝理

하나님께서 작정하신 바를 실행하심을 말한다. 아브라함이 100세에 약속의 기업으로 얻은 아들 '이삭'을 모리아산 꼭대기에서 제물로 바치라는 하나님의 명령을 받고 순종하여, '이삭'을 번제燔祭로 드리려 할 때, 하나님은 '이삭'을 대신해 어린양을 준비해 두었다. 그곳을 '여호와 이레' 라고 했는데 여기서 유래한 것이 바로 '섭리' 라는 개념이다(창22:8~14). 따라서 '하나님의 섭리' 란 하나님의 무한한 능력과 지식을 통하여 인간을 포함한 모든 피조물에 대한 그의 뜻을 이루는 활동이다.

유머박사

언어의 유희

'언어의 유희'는 과장과 축소, 풍자하기, 단어 비틀기, 빈대말 반죽하기, 억지부리기, 같은 말 반복하기, 공통점과 차이점 찾기, 딴지 걸기, 입장 바꿔 생각하기, 징검다리 놓기, 강한 단어로 압축하기, 동시패션 등 여러 가지가 있다. 이것에 대해서는 앞으로 이 코너에 지면이 허락하는 한 싣겠다.

예를 든다면,
① 친구가 불가능한 일을 해냈을 때
"야! 넌 정말 태풍 속에서 성냥불을 켰구나!"
② 공금 횡령을 하고 잠적했을 때 "야, 다해먹고 튀었데!"
③ 너 없으면 난 못살아!
"널 사랑하는 사람이 이 세상에 한 사람도 없다면, 그건 내가 죽었기 때문이야!"

◆ 오른쪽의 엽서를 지금 즐겁게 해줄 이에게 엽서로 보내세요.

아들의 훈계

아버지가 아들을 데리고 교회에 갔다 오던 길에 잠시 슈퍼에 들렀다. 아들은 초콜릿 하나를 주인 몰래 주머니에 넣으려 했다. 이를 본 아버지는 아들을 꾸짖었다.

"얘야, 예배드리고 가는 길에 뭐 하는 짓이야? 그 초콜릿을 당장 제자리에 갖다 놓지 못하겠니? 너는 정말 나쁜 녀석이로구나."

그러자 아들은 아버지를 쳐다보며 말했다.

"알았으니까, 큰소리로 떠들지 말아요! 아버지는 우리 집 가정교육이 나쁘다는 것이 모든 사람에게 알려지면 좋겠어요?"

에녹이 하나님과 동행한 연수는 '300년' 이다?

POST CARD
우편엽서

받는 사람

보내는 사람

뱃사공과 아들

몹시도 추운 어느 겨울날, 뱃사공은 어린 아들을 데리고 배를 저어 멀리 나아갔다. 힘겹게 노를 젓는 뱃사공의 얼굴에는 땀이 줄줄 흘러내렸다. 그는 속옷만 남기고 겉옷을 훌훌 벗어 던졌다. 그는 선창 안으로 뛰어들어가 아들에게 소리쳤다.

"애야, 덥구나. 어서 옷을 벗어라!"

뱃사공은 아들의 겉옷을 훌훌 벗기고 속옷만 입은 채로 두었다. 다시 노를 젓던 뱃사공의 온 몸은 또 다시 땀으로 흠뻑 젖었다. 그는 몸에 착 달라붙은 속옷마저 훌렁 벗어 던졌다.

"어휴, 꽤나 덥구나 더워!" 하며 선창으로 또 뛰어들어가 아들의 남은 옷마저 훌랑 벗겼다. 찌꺽찌꺽, 뱃사공은 더 힘있게 노를 저어 갔다. 몸에선 더운 김이 무럭무럭 피어올랐다. 그러나 그는 어린 아들이 선창 안쪽에서 꽁꽁 얼어죽은 줄은 몰랐다.

인간은 남과 입장을 바꿔 생각할 수 있을 만큼 현명하지 못하다.

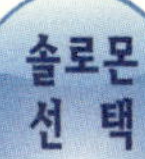

솔로몬 선택

성경의 인물 중, 어느 한 사람을 부모로 선택하여 태어날 수 있다면, 누구의 자녀로 태어나고 싶은가?

OX 퀴즈

아담과 하와 사이에서 태어난 아들은 가인과 아벨 외에 '셋째 아들'이 있었다?

○ (셋/ 창4:25, 창5:4)

성경공부

가정家庭의 운영運營

부부를 중심으로 하는 가족의 공동생활체를 가정이라고 한다. 즉 부부, 자식, 부모 등 가족이 공동생활을 하는 조직체를 말한다. 좋은 가정을 위해서는 부부간의 화목과 화해는 물론, 자식은 부모를 공경하고 부모는 훈계로 자녀를 양육해야 한다(엡 6:1-4). 따라서 자식은 낳는 것 보다 키우는 것이 더욱 중요하고, 키우는 것보다도 가르치는 것은 더더욱 중요하다.

유머박사

빗나간 상식의 예

누구나 한번쯤 학창시절에 고사성어나 속담을 엉뚱하게 해석하여 웃은 기억이 있을 것이다. 이러한 것들이 바로 빗나간 상식이 되어 웃음보를 자극한다.

예를 들면,
① 백지장도 맞들면 찢어진다.
② 고생 끝에 골병든다.
③ 세살 버릇 유치원가서 고친다.
④ 티끌 모아 분리수거.
⑤ 가다가 중지하면 간만큼 이익이다.
⑥ 소문난 파티 주차할 곳 없다.
⑦ 삶이 너를 속인다면 112로 신고해라.

오른쪽의 엽서를 지금 즐겁게 해줄 이에게 엽서로 보내세요.

예수님과 부처님의 차이

크리스마스를 맞아 모처럼 고등학교 동창들끼리 모여 파티를 즐겼다.

이런 저런 얘기를 나누던 친구들이 갑자기 화제를 종교문제로 돌리기 시작했다.

종교학과를 다니는 종순이는 의상학과에 다니는 땡순이에게 물었다.

"땡순아, 예수님과 부처님의 가장 큰 차이를 뭐라고 생각하니?"하고 물었다.

한참을 곰곰이 생각하던 땡순이는 가라앉은 목소리로 대답했다.

"음. 그건 아무래도 헤어스타일 차이 아니겠니?"

 **OX 퀴즈**

아담과 하와 사이에서 태어난 아들은 가인과 아벨 외에 '셋째 아들'이 있었다?

그리스도와 동행하는 삶

유명한 복음 전도자였던 '죤 길모어' 목사는 어느 날 작은 마을을 지나다가 주방용품을 팔고 있는 어느 노인과 이야기를 나누게 되었다. "안녕하세요? 할아버지, 요즘 장사는 잘 되시는지요?" "예, 그럭저럭 잘 됩니다!" "할아버지는 예수님을 믿으십니까?" "물론 믿지요. 예수님을 믿고 구원받는다는 것은 정말 위대한 일인 것 같습니다." "그래요, 그렇지만 그보다 더 위대한 일이 있지요." "그래요? 그게 뭔데요?" "그건 나를 구원해 준 그분과 동행하는 것입니다!"

그렇습니다. 크리스천들의 삶은 단지 구원받고 죽어서 천국가는 것으로 그치지 않습니다. 예수님은 우리가 날마다 자신과 동행하면서, 그 속에서 천국 생활을 미리 누리기를 원하십니다.

집중호우로 교회가 파손되어 복구하는데 1년이 걸린다. 그 동안 어디에서 예배를 드릴 건가?

노아가 방주를 만든 나무는 '잣나무' 이다?

○ (창6:14)

노아의 방주 方舟

방주는 '궤' 또는 '떠 있는 배'의 뜻으로, 사람들이 타락한 생활에 빠져 있어 하나님이 대홍수로 심판하려 할 때 바르게 살던 노아가 하나님의 특별한 계시로 대홍수를 대비한 배를 만든 것이 '노아의 방주' 이다. 120년에 걸쳐 만들어진 노아의 방주는 구체적인 언급이 없으며 다만 그 규모에 대해서만 말해준다. 시대에 따라서 약간의 차이가 있으나 1규빗을 약 45.6cm 내외라고 할 때 방주는 대략 높이 13-14m, 폭이 약22-23m, 길이 약 133-137m가 된다(창6:14~16).

대홍수는 하나님의 심판을 상징한다.

유머박사

유머와 신체건강

웃음은 면역체계와 소화기관을 안정시켜주고, 웃을 때 나오는 뇌 호르몬 물질인 '엔돌핀'은 암세포를 격파시킨다는 연구 결과가 나왔다. 그리고 웃음은 고혈압은 내려주고 저혈압은 올려주어 정상혈압을 유지하게 하고, 회음부(항문과 성기사이)에 있는 괄약근을 강화시켜 젊음을 유지하게 해 준다. 또 배가 아플 정도로 웃었다면, 격렬한 복근 운동을 유발해 복근력을 강화시킨다. '정력이 좋다.'는 것은 '복근력 좋다.'는 말과 같은 말이다. 실제로 복근력은 정력의 원천이 된다는 것이 의학계에서 밝혀졌다.

이와 같이 웃음은 암을 비롯한 모든 질병의 예방과 치료에 매우 효과적이고, 웃는 사람은 자연 치유력이 좋아져 건강하게 오래 산다.

오른쪽의 엽서를 지금 즐겁게 해줄 이에게 엽서로 보내세요.

베스트셀러

"야, 너 아직도 그 베스트셀러 안 읽었냐? 나온 지 1년이 다 되었는데."

"하지만 넌 성경을 아직도 안 읽었잖아? 나온 지 2000년이나 되었는데."

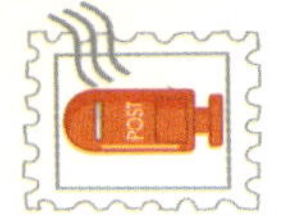

축복을 부른 불행

목화를 재배해 큰 수입을 올리는 한 마을이 있었습니다.

그런데 어느 날부터인가 '베빌'이라는 벌레가 나타나 목화 작물을 모두 먹어 치우기 시작하였습니다. 사람들은 깊은 절망과 실의에 빠졌습니다.

그래서 그들은 목화대신 해충의 피해가 적은 땅콩을 심기로 했습니다. 다행히도 새로 시작한 땅콩 재배는 마을 사람들에게 목화를 키울 때보다 더 큰 이윤을 가져다 주었습니다. 이에 감사하는 마음이 든 농부들은 마을 광장에 해충 '베빌'을 기념하는 동상을 세웠습니다.

불행! 그것은 다시 시작할 수 있게 하는 축복의 기회일 수 있습니다.

지금 우리나라는 세 쌍 중 한 쌍 꼴로 이혼을 하고 있다. 당신에게 이혼을 막으라는 사명이 떨어졌다면, 어떤 방법으로 이혼을 막겠는가?

노아의 방주에 들어간 사람은 모두 '7명' 이다?

× ⦿ (정답/ 창7:13)

기쁨

일반적으로 욕구가 충족되었을 때 느끼는 감정으로 'S.프로이트'는 기쁨을 선천적인 감정의 하나로서 육체적인 쾌감이라고 설명한다. 사람은 긴장으로부터 해방되었을 때 또는 좋은 환경과 자아가 실현되고 삶의 보람을 느꼈을 때 기쁨을 느낀다.

그러나 성경에서 말하는 '기쁨' 이란 하나님과의 관계에서 얻은 기쁨이므로 역경과 고통 속에서도 기쁨을 얻을 수 있다. 바울은 감옥 안에 있을 때에도 '항상 하나님과 만나 기뻐하라' 고 빌립을 격려했다.

유머박사

유머와 산소

인간에게 꼭 필요한 것 중 하나가 바로 산소이다. 사람이 5분 정도 호흡이 중단되면, 가장 먼저 타격을 받는 부위는 뇌 세포이다. 산소를 들이마시지 못한 채 5분만 지나면 뇌세포가 파괴되어 결국엔 사망하게 되고, 살아난다 해도 합병증으로 전과 같은 정상적인 생활은 기대할 수 없다. 우리나라 프로야구선수 중의 한 사람도 잠깐 동안의 호흡 중단으로 인해 수 년이 지나도록 식물인간으로 연명을 하고 있다. 안타까운 일이다.

그런데 사람이 호탕하게 웃게 되면 체내로 들어오는 산소의 흡입량은 평소보다 무려 5배 이상 증가된다. 잘 웃는 사람은 폐활량이 늘어나 산소부족으로 인한 질병에서 벗어난다.

⦿ 오른쪽의 엽서를 지금 즐겁게 해줄 이에게 엽서로 보내세요.

이혼은 아직

랍비가 어느 부인으로부터 남편이 너무 고약해서 이혼하고 싶다는 의논을 받게 되었다. 그녀는 단 한가지 이혼할 수 없는 이유가 있다고 했다. 그 이유는 애들이 아홉이 있는데 둘이 똑같이 나누어 기르고 싶지만, 홀수이므로 나눌 수가 없다고 한탄했다.

랍비는 머리가 몹시 좋았으므로 다음과 같이 조언했다.

"그렇다면 1년 더 함께 살다가 애를 하나 더 낳으면 되지 않나요?"

그 후 1년 반이 넘었다. 랍비는 시내에서 그 부인과 우연히 마주치게 되었다.

"어떻습니까? 잘 돼가나요?"
"아닙니다!"
"하지만 아이를 낳으셨다는 말을 들은 것 같은데……"
"네, 틀림없이 아이를 낳았지만, 글쎄 그만 쌍둥이가 태어났지 뭐예요!"

노아의 방주에 들어간 사람은 모두 '7명' 이다?

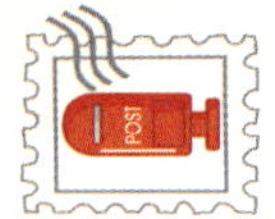

감옥과 수도원의 차이

감옥과 수도원은 '고립' 이란 점에서 비슷하지만, 그 내용에 있어서 엄청난 차이가 있다. 이 차이에 대해 미국의 '데이비드 소퍼' 목사는 다음과 같이 말한다.

"감옥과 수도원의 근본적인 차이는 단지 불평하느냐, 아니면 감사하느냐의 차이일 뿐이다. 수감된 죄수가 수도자와 같은 '감사의 마음'을 가질 땐 감옥은 수도원으로 승화될 것이고, 반면에 수도자가 '불평의 마음'을 가질 땐 수도원은 감옥으로 전락할 것이다."

천지창조 때, 하나님께서 여자를 먼저 만들고 돕는 배필로 남자를 만들었다면 남자는 뱀의 유혹에 어떻게 대처했을까?

하나님께서는 여섯째 날에 '짐승과 사람'을 만드셨다?

○ (창1:24~31)

은혜恩惠

하나님께서 택한 백성에게 베푸는 무조건적 사랑이다. "인자의 온 것은 잃어버린 자를 찾아 구원코자 함이라"(눅19:10)는 성경말씀은 무조건적 선물(사랑)을 의미하는 은혜를 말한다. 예수님께서 바리새인들과 서기관들의 날카롭고 집요한 공격에 맞서 싸우면서 내세운 것이 바로 이 '하나님의 절대주권적 은혜'였다(눅15:3 이하). 이는 용서받을 자격이 없는 죄인을 불러 구원함으로써 자신의 주권자로서의 영광을 나타내고자 함이었다. 요한 복음의 '은혜 위에 은혜'라는 구절은 은혜가 겹겹이 쌓여 있는 것을 보여 준다.

유머박사

유머와 내장기관

독자들도 배꼽을 쥐고 웃다보면 나도 모르게 속이 후련해진 경험을 했었을 것이다. 이는 웃음으로 인해 모든 내장기관이 구석구석 마사지가 되었기 때문이다. 이와 같은 현상은 웃으면 횡경막의 운동으로 모든 내장기관이 마사지를 받게 되어 내장의 활성화가 어루어져 소화가 촉진되어 속이 풀리고 어떤 때는 허기까지 느끼게 한다.

웃음은 특히 간장과 위장에 좋고 심장을 튼튼하게 하며, 혈액이 쌩쌩 돌기 때문에 피부 탄력도 좋을 뿐만 아니라 건강미가 넘쳐나 보인다.

오른쪽의 엽서를 지금 즐겁게 해줄 이에게 엽서로 보내세요.

에덴 동산이 한국에 있었다면

어느 대학교수가 수업시간에 실제로 해준 말.

에덴동산이 한국에 있었다면 인류는 타락하지 않았을지도 모른다. 일단 뱀이 이브를 유혹하기 전에 이브가 뱀을 잡아 뱀탕을 끓였을 것이다. 만약 이브가 뱀의 유혹에 넘어갔다 하더라도 아담이 이브의 말 때문에 타락하지는 않았을 것이다. 왜냐?

"한국남자가 여자의 말을 듣는 거 봤냐? ?!!"

하나님께서는 여섯째 날에 '짐승과 사람'을 만드셨다?

하와를 갈비뼈로 만든 이유

만약, 하와를 만들 때 다리뼈를 사용하면 아담을 밟으려 하기 때문에 안되고, 팔뼈를 사용하면 삿대질만 너무 하기 때문에 안되고, 머리뼈를 사용하면 남편의 사감선생 노릇을 하려하기 때문에 안되고, 턱뼈를 사용하면 말을 너무 많이 하기 때문에 안되고, 어깨뼈를 사용하면 으쓱대며 거드럭거리기 때문에 안되고..... 갈비뼈는 두 생명의 동등한 화합을 위하여 참으로 적절했다. 왜냐하면 나란히 있으니 평등과 협조의 원칙을 알게 되고, 심장에 제일 가까우니 사랑의 고동소리를 듣게되며, 팔 밑에 보호되어 있으니 이것은 바로 하와에 대한 아담의 책임을 이미 못박고 있는 증표證票였던 것이다.

크리스천으로서, 경험한 일 중 이것만은 후세에 반복되지 않았으면 하는 것이 있다면 무엇인가?

노아의 방주 문은 '노아'가 닫았다?

× (창세기 / 창7:16)

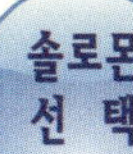

보통은혜普通恩惠와 특별은혜特別恩惠

은혜는 은총, 자비, 인자, 인애 등으로도 표현되는데, 보통은혜는 하나님께서 모든 인류에게 차별 없이 주시는 무조건적 사랑으로, 자연적인 영역에 관계되어 있는 것으로 도덕적, 합리적 그리고 과학과 상식적인 방법으로 주시는 은혜를 말한다. 특별은혜는 선택된 자에게만 제한적으로 베푸시는 것으로, 영적靈的인 영역으로 불가항력不可抗力적으로 주시는 은혜를 말한다. 신약에서의 은혜는 하나님 나라의 메시지에 근간을 둔다.

유머박사

유머와 다이어트

사람이 한 번 자지러지게 웃고 나면 어느 정도의 칼로리가 소비될까?

개인의 차이는 있겠지만 5분 동안의 에어로빅, 애인과 강가에서 노를 젓는 배를 타고 3분 동안 전력으로 노젓는 것과 같은 칼로리가 소모가 일어나 짧은 시간에 큰 유산소 운동의 효과를 얻을 수 있다. 즉, 장소와 시간의 제약과 구애받지 않는 초간편 다이어트 방법인 것이다.

미국의 '굿 맨' 박사는, 만약 사람이 하루에 3번만 호탕하게 웃으면 병원에 있는 환자를 반으로 줄일 수 있다는 연구결과를 내놓았다. 웃음이 명약이라는 말이 틀린 말이 아니다.

오른쪽의 엽서를 지금 즐겁게 해줄 이에게 엽서로 보내세요.

하나님의 집

교회의 주일학교에서였다.
주일학교 교사가

"하나님의 집은 어디에 있지?"
하고 아이들에게 물었다. 당연히 '하늘나라'라고 하는 대답이 나올 것을 기대하고서 말이다.
의진이가 대답했다.

"우리 집 화장실입니다."
놀란 교사가 말했다.

"그건 또 왜 그렇죠?"

"글쎄, 우리 아빠는 매일 아침 화장실 문을 주먹으로 쾅쾅 두드린 다음 이렇게 말한단 말입니다.

'오오, 하나님 맙소사! 아직도 거기에 있어! 하고요."

노아의 방주 문은 '노아'가 닫았다?

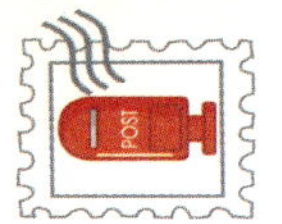

가장 쉬우면서도 어려운 것

가장 쉬운 것 같으면서도 가장 어려운 것 중의 하나가 감사하는 일입니다.

중국 후한後漢 시대의 '사마휘'라는 사람은 언제나 '좋습니다!' '감사합니다!' 라는 말을 사용했다고 합니다.

어느 날, 그 마을에 전염병으로 아들을 잃은 노인이 몹시 슬퍼하자, '사마휘'는 '감사한 일이군요, 좋습니다!' 라고 해서 사람들을 당황하게 했습니다.

그리고는 '당신과 부인, 손자들은 다 건강하지 않습니까? 감사한 일이지요!' 라고 말했답니다.

잃은 것보다 남은 것을 바라본 것입니다.

우리는 커다란 흰 백지는 보지 않고, 그 백지에 찍힌 아주 작은 검은 점 하나에 온통 정신을 빼앗길 때가 많습니다.

성경책에 기록된 사건 중에서 하나를 선택하여 그 현장을 방문할 수 있는 기회가 주어진다면 어떤 사건의 현장으로 달려가고 싶으며, 그 사건에서 당신이 하고 싶은 역할은?

노아 홍수 때, 40일간의 홍수 후 '40일' 동안 물이 온 땅에 가득하였다?

× (창8:3/ 150일)

70인역譯 성경

　기원전 285년에 72명의 학자들이 히브리어로 쓰여진 구약성경을 그리스어로 번역한 성경으로, 현재 전해지는 가장 오래된 구약성경이다. 번역된 장소는 이집트의 알렉산드리아이며 이 지역의 유대인들의 요구에 따라 처음에는 BC 3세기 중엽에 '모세 5경'(율법서)이 번역되었고, 그 뒤 약 100년 사이에 현재의 정경正經의 거의 전부가 번역되어 나왔다. 성경 연구는 물론 언어학상으로도 중요한 자료인데, 구약성경의 문체와 사상을 연구하는 데 귀중한 자료이다

유머박사

유머와 아랫배

　아시나요? 배꼽을 쥐고 눈물을 찔끔찔끔 흘리면서 웃는다면, 온몸의 긴장이 풀리면서 아랫배까지 아픈데, 이는 격렬한 복근 운동을 했기 때문이라는 것을...
　헬스클럽에서 아령 10kg짜리를 들고 운동을 하다보면, 처음은 10kg짜리 아령인데 시간이 흐를수록 10kg이 아니라 11kg, 12kg, 13kg......의 무게를 느끼게 된다. 그런데 근육이 아픔을 느낄 정도가 되면, 그렇지 않을 때의 20배에 가까운 운동효과와 체지방 분해가 일어난다. 튀어나온 아랫배때문에 스트레스받는 사람은 울지말고 웃어야 한다. 그렇게만 한다면 예전에 입던 바지를 다시 꺼내어 입을 수 있게 될 것이다.

⊙ 오른쪽의 엽서를 지금 즐겁게 해줄 이에게 엽서로 보내세요.

훈 계

어떤 사람이 처음으로 아들을 데리고 클럽에 가서 자기는 꽤 독한 술을 마시고 아들에겐 맛있는 음식을 많이 먹였다. 그리고 식사가 끝나자, 아들에게 타일렀다.

"너, 내 말을 들어봐라. 사람마다 나쁜 버릇이 있는 법이지만 특히 나쁜 건 술에 취하는 것이다. 알겠니?"

"네, 아버지."

"우리 옆자리에서 저녁 식사하는 사람 얼굴 좀 봐라. 얼굴이 홍당무처럼 빨갛지 않니?"

"왜죠?"

"고주망태가 돼서 그렇지. 저 지경이 되면 아무도 자기가 하는 짓이 뭔지 모르게 되는 거야. 다리는 흐느적거리고 귀는 멍하고, 손이 떨리게 된단다. 자, 여기 술 2병이 있지 않느냐. 이것이 저런 사람 눈엔 4병으로 보인단 말야."

"여긴 술 한 병 밖에 없는 데요!"

노아 홍수 때, 40일간의 홍수 후 '40일' 동안 물이 온 땅에 가득하였다?

인간 정신의
만병 통치약인 신약과 구약

김익두 목사는 황해도의 깡패이자 그 당시 소도둑으로 소문난 사람일뿐만 아니라 술김에 하는 행패는 누구도 못 말렸다. 그러던 사람이 어느 날 갑자기 예수님을 영접하고 누구보다 착한 사람이 되어 전도하러 다니니 전에 함께 어울리던 친구들이 참으로 의아해하며 물었다. "도대체 자네는 그 좋아하던 술과 담배를 끊고 요즘 어떻게 살아가나?"하고 묻자 김익두 목사의 대답은,

"나는 요즘 약 두 첩씩을 매일 먹고 있다네."

"뭐야? 약을 두 첩씩이나 매일 먹고 있다고?"

"그렇다네! 이 약을 먹으니 술과 담배와 향락보다 더 즐겁고 엄청난 축복이 쏟아지고 있네."

그러자 친구들은 무척이나 궁금해하며, "그 약이 무엇인지 우리도 좀 가르쳐 주게나."하며 졸라댔다.

"정 그렇다면 가르쳐주지. 그 두 첩의 약이란 '신약'과 '구약'이라는 약일세. 이 약만 먹으면 몸과 마음의 어떤 병이라도 모두 고칠 수 있지"라고 했다. 그 후 그는 친구들에게 정성스럽게 '신약'과 '구약'을 먹여 그들의 몸과 정신의 병을 고쳐주었다.

성숙한 신앙과 미숙한 신앙을 구별할 수 있는 기준은 어떤 것들이 있는지 3가지만 고른다면?

노아는 물이 빠져나간 것을 확인 하고자 비둘기보다 '까마귀'를 먼저 날려보냈다?

(창8:7) ○ ✪

은사 恩賜

헬라어인 '카리스마'가 번역된 것으로 '값없이 주는 선물'이란 뜻으로 하나님께서 주시는 좋은 것으로 구원, 영생, 성령 등이 언급되는데, 그 중 가장 최대의 은사는 예수 그리스도이다. 은사를 주는 이유는 성도의 믿음을 굳게 하고, 안위를 얻게 하며, 모든 사람을 의롭게 하고, 각 사람에게 유익을 끼치며, 말씀을 확실히 증거하기 위하여 주는 것이다. 그러므로 천부적으로 받은 재능을 비롯하여 하나님의 은혜로 말미암아 봉사할 수 있는 모든 행동은 은사에 속한다.

유머박사

유머와 마음의 벽

처음 모임이나 누구에게 소개받은 초면자리 또는 친숙하지 않은 사람과의 만남은 의례 보이지 않는 마음의 벽에 가로막혀 어색하기 마련이다. 누구라도 나서서 분위기를 편안하게 풀어주길 내심 바라지만 딱히 그럴 사람도 없다면 썰렁한 분위기는 계속 이어지게 된다. 그러나 이럴 때 유머를 구사할 수 있다면, 마음의 벽을 한방에 날려보내고 훈훈한 분위기를 만들어 낼 수 있다. 시의적절時宜適切한 유머는 상대방이 굳게 잠그고 있는 마음의 벽을 허물고 짧은 만남이지만 긴 느낌을 갖게 해 준다. 그런데 유머 감각이 없다고 고민하거나 걱정할 필요는 없다. 왜냐하면 유머 감각은 후천적이기 때문에 훈련을 통해 누구나 개그맨 못지 않은 훌륭한 유머 감각을 갖출 수 있기 때문이다.

✪ 오른쪽의 엽서를 지금 즐겁게 해줄 이에게 엽서로 보내세요.

천국가는 비결

주일 아침 예배시간에 목사님이 설교를 하다가 물었다.

"성도 여러분, 우리가 천국에 가려면
  어떻게 해야 하죠?"

그러자 영구가 손을 번쩍 들고 하는 말,

"네, 우선 죽어야 합니다!!!"

 퀴즈

노아는 물이 빠져나간 것을 확인 하고자 비둘기보다 '까마귀'를 먼저 날려보냈다?

낮은 곳에서 빛나는 겸손

슈바이처 박사가 의료봉사에 필요한 모금운동을 하기 위해, 고향에 돌아와 기차역에서 내릴 때였다.

기차역에는 환영객들이 몰려나와 있었다. 사람들은 그가 1등 칸에서 나올 줄 알고 기다렸는데, 막상 기차가 도착하자 뜻밖에도 슈바이처는 3등 칸에서 걸어나왔다.

영접객들은 "박사님 같으신 분이 왜 3등 칸을 타고 오셨습니까?"라고 물었다.

그러자 슈바이처 박사가 말했다.

"4등 칸이 있어야 말이죠. 그래서 할 수 없이 3등 칸을 탔습니다!"

성경의 내용 중, 당신이 영화감독이 되어 만들고 싶은 장면과 그 영화의 주인공으로 출연시키고 싶은 사람은?

노아는 물이 빠져나간 것을 확인 하고자 비둘기를 '2번' 날려보냈다?

× (창8:8~12) /정답) ×

은사恩賜의 활용活用

하나님께서 인간에게 값없이 주는 최고의 선물인 은사는 하나님께서 돈 없는 사람에게 장사밑천 하라고 주신 선물이 아니라, 하나님을 위해 봉사하라고 주신 선물이다. 그러므로 성도들은 자기가 받은 성령의 여러 은사 또는 자기에게 주어진 재능이나 건강, 기술 등의 은사를 자신이 아닌 하나님 나라를 위해서 써야 한다. 이와 함께 이러한 은사들이 교회 전체의 덕을 세우는 데 사용되어야 하고, 더욱 큰 은사를 사모해야 하는데, 그것은 바로 '사랑' 이다.

유머박사

유머 감각은 후천적인 기능

'유머 감각은 선천적일까? 아니면 후천적일까?' 후천적인 기능이다. 그것도 노력만 한다면 누구라도 개발이 가능한 100% 후천적인 기능이다. 지금 자신의 이름을 백지 위에 평소대로 써 본 후, 다시 그 밑에다 반대 손으로 또 한번 써보면 둘 다 나의 필체는 분명한데 하나는 썼고, 하나는 그렸다. 이유는, 반대손으로는 기능이 갖추어지질 않았다는 것말고는 다른 이유가 없다. 오늘부터 반대손으로 글씨를 쓰듯이 유머 감각을 위한 노력을 한다면 훌륭한 유머감각의 소유자가 될 수 있을 것이다. 훌륭한 개그맨은 태어나는 것이 아니라 부단한 자기 노력으로 만들어지는 것이다.

○ 오른쪽의 엽서를 지금 즐겁게 해줄 이에게 엽서로 보내세요.

기도 응답

어느 장로님,
매일같이 새벽기도를 드리고 주일마다 교회에 나가서 하나님을 외치는 자신은 하는 일마다 되는 일이 없으며, 반대로 새벽기도도 드리지 않고 주일에도 자주 교회를 결석하는 옆집의 평신도는 하는 일이 너무 순조롭게 되자, 이것은 너무 잘못됐고 억울하다고 생각한 나머지 하나님께 여쭸다.

"하나님! 어째서 이런 일이 가능합니까?"

그러자 하나님의 대답은,

"그 사람은 너처럼 말로만 징징 짜며 귀찮게 보채지 않았다~!"

노아는 물이 빠져나간 것을 확인 하고자 비둘기를 '2번' 날려보냈다?

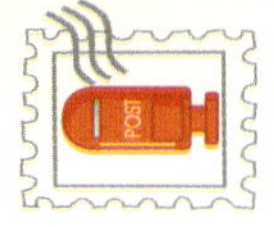

하나님과의 대화

기도는 대화다. 하나님은 성경을 통해서 말씀하시고 나는 기도로 응답한다. 말씀을 들음이 없고, 그 말씀을 묵상함이 없이 기도할 때는 흔히 독백이 되거나, 헛되고 잡된 생각에 빠지기 쉽다. 그래서 성경을 2인칭으로 읽는 것이 유익하다. 예를 들면, 요한복음 1장을 읽을 때, "주여 당신은 하나님이십니다. 당신이 만물을 만드셨습니다. 당신없이 된 것은 아무 것도 없습니다. 당신은 나의 빛이십니다. 당신 안에 나의 생명이 있습니다. 당신이 안 계신 곳은 암흑이요, 죽음이요, 죄요, 절망입니다. 물고기가 물을 떠나 살수 없음같이 당신 밖에서 나의 생명은 살길이 없나이다." 이렇게 성경을 읽으면 주님과의 대화는 무한히 풍성해진다.

성경의 인물 중, 어느 한 사람을 선택하여 완전히 똑같은 삶을 살수 있다면, 누구의 인생을 살고 싶은가?

소돔 성 온 지경이 용서받기 위하여 채워야 했던 최소의 의인義人 수는 '10명'이었다?

○ (창18:32) ○

대속代贖

값을 지불하고 형벌과 죄에서 구원함을 뜻하는 말로서, 예수 그리스도가 십자가에 매달려 죽음으로써 만민의 죄를 대신 속죄贖罪하였음을 의미하는 신학 용어이다. 구약에서는 희생제사를 통해 하나님과의 화목과 속죄를 말하고 있고, 신약에서는 예수님의 죽음이 대속적인 성격을 지녔음을 말하고 있다.

유머박사

단계적인 것과 마구잡이

유머는 기능이다. 단계적으로 훈련을 쌓아야 한다는 말이다. 만약 단계적인 과정을 거치지 않고도 기능이 갖추어진다면, 하루도 빼먹지 않고 뒷골목에서 싸움질하는 녀석은 이 다음에 크면 권투 챔피언이 되어야 한다.

그러나 그렇지 못한 것은, 우리 모두 달리기는 할 수 있지만 전부 육상선수가 될 수 없는 이유와 같다. 육상선수는 특별히 유머도 단계적인 훈련을 쌓아야 하고, 그 중에서도 금메달을 따내는 선수는 연습량이 말을 해준다. 따라서 유머도 단계적으로 꾸준히 연습과 학습을 한다면 훌륭한 유머 감각을 가진 기능 보유자가 된다는 말이다.

장족의 발전을 하느냐? 못하느냐?는 자신의 노력여하에 달려있다.

○ 오른쪽의 엽서를 지금 즐겁게 해줄 이에게 엽서로 보내세요.

취사선택

파티 장에서 안 주인이 손님에게 펀치(음료의 일종) 한 잔을 건네 주면서 술을 탄 것이라고 말했다.
잠시 후, 그 여자는 옆에 있던 목사에게도 펀치를 권하자 목사는 이렇게 말했다.

"술을 입에 대느니 차라리 간통을 하겠소."

먼저 펀치를 받아 들었던 손님이 이 말을 듣고 펀치를 다시 그릇에 쏟아버리며 말했다.

"그 둘 중 하나를 선택할 수 있다는 걸 난 미처 몰랐습니다!"

소돔 성 온 지경이 용서받기 위하여 채워야 했던 최소의 의인義人 수는 '10명'이었다?

POST CARD
우 편 엽 서

보내는 사람

받는 사람

*OX퀴즈 정답은 보낸이에게 물어보세요! [솔로몬 유머] 중에서...

STOP!

아무리 급해도 빨간 불이 들어오면 멈추어야 합니다. 또한 살다보면 아무리 바빠도 멈추어야 할 때가 있습니다. 상을 당하였을 때, 병들었을 때, 사고가 났을 때 등등 가던 길을 더 이상 갈 수 없을 때 내 의지와 상관이 없이 무조건 정지해야 합니다.

'모든 길은 로마로 통한다'는 옛말과 같이 사실 인생의 모든 길은 죽음으로 연결되고 있습니다. 부자나 거지도, 배운 사람이나 무식한 사람도, 지혜로운 사람이나 어리석은 사람도, 모두가 성격도 다르고, 습관도 다르고, 문화도 다르고, 가문도 다르고, 사는 방법도 다르지만 모든 인생은 죽음의 종착역으로 가고 있습니다. 그 날이 언제인지 아는 사람이 없으며 하루 사이에 어떤 일이 일어날지 아는 이가 없습니다.

인생의 빨간 불 앞에 당신은 무조건 멈추어 서야만 합니다.

왜냐하면 죽음 후에 심판이 있기 때문입니다.

"한번 죽은 것은 사람에게 정하신 것이요 그 후에는 심판이 있으리니..." (히 9:27)

성경적인 내용으로, 나에 관한 기사가 신문 1면 톱기사로 실린다면 그 기사의 제목과 내용은 어떤 것이었으면 좋겠는가?

롯의 아내는 소돔과 고모라 성이 '무너질 때' 뒤를 돌아 본 고로 소금 기둥이 되었다?

× ◑ (남아가 다음을 / 창19:24~26)

소돔과 고모라

소돔과 고모라는 요르단의 골짜기 저지低地에 있었던 5개의 도시 중 크게 번영했던 대표적인 도시다. 그러나 그곳 사람들의 죄악이 하나님의 노여움을 샀기 때문에 사해死海 남부의 수몰지역으로 침몰해 버렸다. 그 죄악이란 사람들의 동성 또는 이성간의 교제와 사람과 짐승 사이의 수음등 극도로 문란한 성의 타락이었다. 비정상적인 성행위를 소더미(sodomy)라고 하는데 이것은 구약성경의 소돔(sodom)에서 유래한 말이고 지금은 '죄악의 도시'를 뜻하는 비유어로 쓰이고 있다.

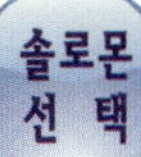

유머박사

조크(Joke), 코믹(Comic), 위트(Wit)

조크, 코믹, 위트는 모두 유머와 관련된 말이다. 시각, 청각, 촉각, 미각, 후각의 5감 중에 청각을 자극해서 즐거움을 주는 것을 '조크(농담)', 시각을 자극해서 즐거움을 주는 것을 '코믹(익살)'이라 하는데 '위트(재치)'는 6감에 해당되는 것으로 5감을 통해 들어온 정보에 대해 반사적反射的으로 반응한다. '조크'와 '코믹'은 각본에 의존할 수 있지만 '위트'는 의존할 수 없다. 유머 감각이 좋다는 말은 바로 '위트'가 좋다는 말이다.

조크는 '오디오'이고 코믹은 '비디오'라 할 수 있는데 과거 코미디언들은 보여주는 것인(넘어지고, 얻어맞고, 영구, 맹구, 땡칠이...) '코믹'으로 즐거움을 주었고, 요즘 코미디언들은 들려주는 것 즉, 현란한 말솜씨인 '조크'로 즐거움을 준다.

❶ 오른쪽의 엽서를 지금 즐겁게 해줄 이에게 엽서로 보내세요.

내 마누라 때문에

어느 날, 술주정뱅이인 남편을 아내가 회개시킨다면서 함께 교회에 갔다. 기도하는 사이에 목사님이 전 교인을 향하여 예수님이 누구의 죄 때문에 돌아가셨냐고 물었다.

아내가,
"여보! '저의 죄 때문에 돌아가셨다'라고 대답하세요."
라고 조용히 말했다.

예배가 끝나고 우연히 목사님과 술주정뱅이가 대화를 나누게 되었다.

목사님이,
"예수님께서 누구의 죄 때문에 돌아가셨나요?"라고 물었다.

그러자 술주정뱅이는 기다렸다는 듯이,

"예, 제 마누라 때문에 돌아가셨습니다."

롯의 아내는 소돔과 고모라 성이 '무너질 때' 뒤를 돌아 본 고로 소금기둥이 되었다?

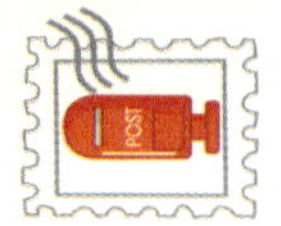

개구리 삶기

어느 실험실에서 개구리를 대상으로 흥미 있는 실험을 실시했는데, 먼저 개구리를 약간 뜨거운 물에 넣었더니 개구리는 펄쩍 뛰어올라 도망쳤다. 그 다음 찬물 속에 개구리를 넣고 1초에 화씨 0.017도씩 비커를 가열했더니 개구리는 태평하게 계속 헤엄을 치다가 결국 푹 삶아져 하얀 배를 위로 향하고 죽어버렸다. 결국 개구리는 자기가 죽어 가는 것도 깨닫지 못하다가 삶아져 버린 것이다. 나를 둘러싸고 있는 사회 환경들, 그것은 내가 마냥 도취되어 놀고 있기에 적당한 온도를 지니고있다. 만일 내가 예민한 피부 감각을 상실한 채, 젊은 날을 보낸다면 그 결과는 너무나도 어처구니없는 것으로 나타날 것이다.

성경의 이야기 중 가장 기쁜 이야기와 가장 슬픈 이야기는 어떤 것이라고 생각하나?

하나님께서 소돔과 고모라 땅에서 롯을 건지신 까닭은 '롯의 의義' 때문이었다?

(아래쪽 답을 거꾸로 보시오 / 창19:29) × O

구속救贖

구속이란 말은 구속拘束과 구속救贖으로 뜻이 나눠지는데, 구속拘束은 자유를 억제하며 속박하는 것이고(고전7:16), 구속救贖은 예수님께서 죄악에서 인류를 건져내는 것이다(출6:6). 성경적인 의미의 구속은 예수님을 통해 인류를 죄악으로부터 건져내어 하나님의 은총 속에 있게 하려는 섭리적攝理的인 행위 즉 구속救贖이다.

구약의 의미는 '용서', '해방', '화해'이고, 신약의 의미는 제의적祭儀的 용어로서 '보상한다'는 뜻으로, 곧 속죄贖罪를 가리킨다

유머박사

개그맨(Gag-Man)

'개그'라는 단어는, "말문을 막아버리다." "언론을 탄압하다." 등의 '말'과 관련되어있는 단어이다. 요즘 코미디언을 특히 '개그맨'이라고 하는데, 원래 '개그맨'이라는 단어와 직종은 없다. 그런데 코미디언 중에 전 모씨가 '개그'＋'맨'＝'개그맨'이라고 쓰는 바람에 하나의 대명사가 되어버렸다. '개그맨', 이 말은 '야그맨'이라고도 할 수 있다(우린 이야기를 '야그'라고도 하니까). 즉 주로 '조크'에 강한 코미디언들을 가리키는 말이다. 진정한 의미의 유머 감각이라 할 수 있는 '위트'가 언어를 통해 표현되면 '조크'가 되고, 행동을 통해 표현되면 '코믹'이 되는 것이다. 그렇기 때문에 유머 감각인 '위트'의 개발을 위해선 수없이 보고 듣는 노력이 있어야 한다.

오른쪽의 엽서를 지금 즐겁게 해줄 이에게 엽서로 보내세요.

혼인축하 전보

결혼식이 막 시작되어 주례가 결혼을 축하하는 화환花環과 축전祝電들을 낭독하고 있었다. 신부의 친한 친구가 돈은 적게 들면서 그녀의 행복을 빌어주고 싶었다. 그녀는 글자 수를 줄이기 위해 성경의 장과 절만을 적은 축전을 보내기로 했다. 그것은 '요한1서 4장 18절'이었다.

"사랑 안에 두려움이 없고 온전한 사랑이 두려움을 내어쫓나니…"

불행하게도 전문電文을 치는 오퍼레이터가 그만 요한1서의 '1'자를 빼먹고 말았다.
그래서 주례는 요한복음 4장 18절을 읽었다. 그런데 모든 축하객들은 놀라 자빠지고 말았다.

"네가 남편 다섯이 있었으나 지금 있는 자는 네 남편이 아니니…"

하나님께서 소돔과 고모라 땅에서 롯을 건지신 까닭은 '롯의 의義' 때문이었다?

POST CARD
우편엽서

보내는 사람

받는 사람

하나님의 눈

어떤 아이가 사과를 먹으며 집으로 돌아왔습니다.

"얘야, 그 사과 어디서 얻었니?"하고 어머니가 물었습니다.

"과일 가게에서요."

"아저씨가 주시던?"

"아니, 안 주셨어요. 아무도 보지 않기 때문에 갖고 왔어요."

"뭐, 아무도 보지 않는다고? 하늘에서 하나님이 보고 계셔!"라고 어머니가 말하니까 아이는, "괜찮아요, 가게에는 지붕이 있으니까 하나님도 못 보셨어요!"라고 대답했습니다.

우스운 이야기 같이 들립니다. 그러나 이런 말을 입 밖에 내지는 않지만 우리 어른들 대부분 이렇지 않습니까?

성경 인물 중 누군가를 체포하여 가두고 고문을 할 수 있는 권한이 주어진다면 누구를, 무엇 때문에, 어떤 방법으로 고문할 것인가?

에서가 동생인 야곱에게 장자의 명분을 판 것은 '팥죽 한 그릇뿐'이었다?

(답: 떡과 팥죽 / 창25:34) ×

율법서律法書

모세 5경인 창세기, 출애굽기, 레위기, 민수기, 신명기를 말하고 좁은 뜻으로는 십계명을 말한다. 기준이 명확하지 않으면 사람은 죄의식을 갖기 힘들다. 그래서 하나님은 죄인임을 자각시키기 위해 모세의 율법을 주셨다.

유머박사

미소

유머 감각을 키우기 위한 첫 번째 단계는 자신의 얼굴에 미소를 띠우는 것이다. 코미디 프로를 보면 알 수 있듯이, TV에 나오는 코미디언들의 대화도 대화지만 얼굴 표정에서 보여주는 웃는 얼굴 때문에 괜히 더 재미있어 보인다(눈을 감고 목소리만 들어보면 재미는 반감된다). 이러한 현상은 미소와 웃는 얼굴이 재미있는 분위기 조성을 해 주기 때문이다. 미소는 꼭 세일즈맨이나 안내원만이 가져야할 에티켓이 아니다. 미소는 사회생활을 하는 사람이라면 모두가 필요하기도 하지만, 유머 감각을 키우려는 사람들에겐 필수 사항이다. 또한 미소는 전기 요금 한 푼 안들이고도 주위를 환하게 밝혀주고, 미소 띤 얼굴엔 침도 못 뱉고, 미소 띤 얼굴은 오래도록 기억된다.

✿ 오른쪽의 엽서를 지금 즐겁게 해줄 이에게 엽서로 보내세요.

담 보

돈이 필요한 집사님이 친구를 찾아가 부탁했다.

"자본금이 모자라 죽을 지경이야!"

"왜 그런 걱정을 하니? 너야 하나님이 알아서 도와 주실 건데...!"

"그야 물론이지. 그러니 네가 하나님을 담보로 우선 돈 좀 빌려 줘야겠어!"

에서가 동생인 야곱에게 장자의 명분을 판 것은 '팥죽 한 그릇뿐'이었다?

만일 하나님을 보여주면

한 로마인이 어느 랍비에게 와서 "당신들은 하나님의 이야기만 하고 있는데 그 하나님이 어디에 있는지 가르쳐주시오. 만약 어디에 있는지 보여 주기만 한다면 나도 그 하나님을 믿겠소!"

랍비는 그 짓궂은 로마인이 불쾌했으나, 그를 데리고 밖으로 나가 하늘에 작렬하는 태양을 가리키며 말했다.

"저 태양을 한번 똑바로 쳐다보시오!"라고 말했다.

로마인은 힐끗 태양을 보고 나서는, "그런 바보 같은 얘기마시오. 태양을 똑바로 쳐다 볼 수는 없지않소?"하고 외쳤다.

그러자 랍비는 "그대가 하나님이 지으신 많은 창조물 가운데 하나인 태양도 제대로 볼 수 없다면, 어떻게 위대한 하나님을 한 눈에 볼 수가 있겠소?"라고 응수했다.

천국에서 신앙의 선조先祖중 제일먼저 만나고 싶은 사람은 누구며, 만나면 무슨 이야기를 하고 싶은가?

에서는 야곱에게 '2번' 속았다?

(장자명분과 복을 빼앗기 위함/ 창27:36) ○

삯꾼 목자牧者

목회자가 조직의 구조로 파생한 산물인 권력으로 양(성도)을 다스리는 것을 말한다(렘5:30-31). 따라서 목회자가 지나친 조직력으로 성도들의 생활을 지배하고 어항 속의 고기처럼 양어장을 만든다면, 그는 이미 참 목자가 아니며 양어장 사장이거나 아니면 교주에 불과하다. 이러한 사람의 공통적인 행동양식은 '자기는 하나님의 종' 이요 '교인들은 자기의 종' 이라는 식으로 행동한다.

유머박사

배려配慮하는 마음

유머 감각을 키우기 위한 두 번째 단계는 배려하는 마음을 갖는 것이다. 대화를 잘하는 사람은 상대방이 이야기를 할 때 끝까지 잘 경청하는 사람이듯이, 유머 감각이 좋은 사람은 상대방이 웃기는 이야기를 할 때 배려하는 마음으로 기꺼이 웃어줄 수 있는 사람이다. 즉, 배려하는 마음은 이야기가 재미가 있건 없건, 알건 모르건 기꺼이 웃어준다는 말이다. 내 이야기에 재미있게 웃어주는 사람은 뭐라도 주고 싶지만 그렇지 않은 사람은 한 대 쥐어박고 싶은 심정이다. 기꺼이 웃어주게 되면 더 많은 재미있는 유머정보가 상대방으로부터 나에게 건너오게 되고, 이렇게 되면 나의 지식 창고는 상대방보다 많이 차게 된다. 이는 인간관계에서의 세련된 테크닉이고, 성공으로 가는 축지법縮地法이다.

○ 오른쪽의 엽서를 지금 즐겁게 해줄 이에게 엽서로 보내세요.

보냈잖아!

큰 홍수로 인해 강물이 넘쳐나는 바람에
한 마을이 온통 물바다가 됐다.
한 독실한 신자가 자기 집 지붕 위로 피신했다.
어떤 사람이 배를 몰고 오더니 "어서 타시오!"라고 권했다.
신자는
"감사합니다만 하나님이 저를 돌봐주실 것입니다."
라고 말하며 거절했다.
잠시 후, 다른 사람이 배를 몰고 다가와서
"빨리 타라!"고 소리쳤다.
신자는 또
"괜찮습니다. 저에게는 하나님이 계십니다."라고 말했다.
물이 점점 불어 결국 그 신자는 물에 빠져 죽었다.
하나님을 만난 신자는 따지기 시작했다.
"하나님! 저를 돌봐주신다고 말씀하시지 않았습니까?
그런데 이게 뭡니까?"
하나님이 안타깝다는 듯 말했다.
"배를 두 번이나 보내줬잖아!!!"

에서는 야곱에게 '2번' 속았다?

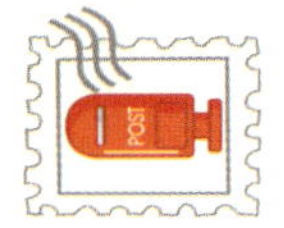

보내는 사람

받는 사람

* OX퀴즈 정답은 보낸이에게 물어보세요! [솔로몬 유머] 중에서...

얌체 신앙

크리스천에게 설문조사를 했다.

　그랬더니 25%의 교인이 기도를 하지 않고, 35%의 교인이 성경을 읽지 않고, 60%의 교인이 신앙 관계 서적을 읽지 않고, 70%의 교인이 교회 활동을 외면하고 있고, 85%의 교인이 한 명의 영혼도 인도해 본 적이 없었다. 그런데도 100%의 교인이 하나같이 구원받아 천국에 가고 싶다는 반응을 보였다.

하나님께 질문을 하여 지금 당장 응답 받을 수 있다면, 어떤 질문을 하겠는가?

야곱은 천사 즉 하나님의 사람과 겨루어서 이긴 후, 이름이 '이스라엘'로 바뀌었다?

(창32:28) ○

하나님의 나라

'하나님의 나라'란 하나님이 통치하고 다스리는 나라를 의미한다. 예수님께서 처음 전도를 시작할 때의 복음도 "때가 다 되어 하나님의 나라가 왔다"고 하셨다. 하지만 유대인들은 예수님의 이러한 말씀을 종교적 의미보다는 유대 왕국의 재건이라는 현실적이고 정치적인 의미로 받아들였다. 그러나 예수님께서 말씀하신 하나님의 나라는 순수한 종교적인 의미였던 것이다. 이 점에 대한 민중의 실망이 예수님을 십자가에 못박은 하나의 원인이 되었다.

유머박사

배려하는 웃음(억지 웃음)의 효과

인간은 하기 싫은 일도 억지로 참아내고 하는 인내심과 추진력이 있다. 정말 대단한 능력이다. 한 조사에 따르면 사람이 억지로 웃어도, 재미있어서 웃는 것의 90%에 해당하는 의학적, 정신적 효과가 있다는 연구결과가 나왔다. 억지로라도 웃는 것이 좋다.

이를 증명이라도 하듯이, 인도에는 '스마일 클럽'이 전국적으로 250여 개나 있다. 이 클럽은 점심 시간을 이용하여 오후 근무가 시작되기 전, 20~30명 정도 회원들끼리 모여 그냥 박수를 치면서 호탕하게 5분 정도 웃는 모임이다. 물론 코미디나 개그를 하는 사람은 없다. 그냥 웃는다. 그런데 놀랍게도 '스마일 클럽'의 회원들은 스트레스로 인한 성인병이 뭔지 모르고 산다는 것이다.

○ 오른쪽의 엽서를 지금 즐겁게 해줄 이에게 엽서로 보내세요.

흥 정

표류 당한 두 사람의 유대인이 구명 보트에 몸을 지탱하고 있었다. 사방 어디를 둘러보아도 망망한 바다뿐이었다. 한 유대인이 간절한 마음으로 기도하였다.

"오, 하나님, 만약 저를 구해 주신다면 재산의 절반을 바치겠습니다!"
하지만 아무런 희망이 보이질 않았다. 오히려 풍랑만 심할 뿐이었다.

"오, 하나님, 살려주십시오. 살려 주신다면 재산의 3분의 2를 하나님께 바치겠습니다!"
그러나 나음날 아침이 되어도 구원의 손길이 없었다. 절망이 된 유대인은 또 다시 간절한 기도를 시작하였다.

"하나님, 제발 저의 이 간절한 기도를 들어주십시오. 만약 제 목숨을 구해 주신다면 저의 전 재산을…"

그 때 다른 유대인이 소리쳤다.

"이봐! 흥정 중단해! 저기 섬이 보인단 말이야!!!"

야곱은 천사 즉 하나님의 사람과 겨루어서 이긴 후, 이름이 '이스라엘'로 바뀌었다?

응답 받지 못하는 기도

성경에서 말씀하신 응답받지 못하는 기도는

① 남을 용서 못하고 드리는 기도(마6:9-15)

② 나의 죄를 고백하지 않는 기도(마18:15)

③ 미움을 품은 채 드리는 기도(마18:21-35)

④ 시험과 유혹에 넘어가는 기도(마27:29-30)

⑤ 자기의 악을 덮어두고 드리는 기도(눅19:8)

⑥ 나의 부채를 갚는 노력을 안한 채 드리는 기도(롬13:8)

⑦ 질투심을 품은 채 드리는 기도(엡4:30-32)

당신은 어떻게 기도드리고 있나요?

어떤 일에 대해 나의 인생을 송두리째 희생해야 한다면, 어떤 일에 희생할 수 있겠나?

요셉은 형들에 의해 은 '30개'에 팔렸다?

× (20개/ 창37:28)

예언 豫言

한문의 뜻대로는 장래의 일을 미리 알고 말하는 것이다. 그리고 헬라어에서 예언으로 번역된 '프롭헤테이아'의 근본 뜻은 하나님의 뜻을 해석하거나 또는 미리 말하는 것을 의미한다. 따라서 예언자豫言者란 하나님의 뜻과 나라에 대한 사실 즉, 우매한 백성을 깨우치기 위해 말하는 사람이지 자신의 사리사욕을 채우기 위해 말하는 오늘날의 소위 점쟁이를 말하는 것이 아니다.

유머박사

유머의 예화

유머 감각을 키우기 위한 세 번째 단계는 유머의 예화(레퍼토리)를 많이 챙기는 것이다. 공부 잘하는 학생은 머릿속에 지식을 많이 꾸겨(?) 넣은 학생이고, 부자는 돈이 많아서 부자이다. 마찬가지로 유머 감각이 좋은 사람은 유머의 예화를 많이 알고 있는 사람이다. 많이 알고 있는 유머의 예화를 적시適時에 꺼내어 써먹게 되면 그것은 바로 적시타適時打가 되어 유머 감각이 좋은 사람이라는 평가를 받게 된다.

유머의 예화를 10개 알고 있으면 10개로 끝나는 것이 아니다. 1번째와 2번째가 합쳐져 11번째의 유머가 만들어지고, 3번째와 4번째가 합쳐져 12번째의 유머가 만들어지고... 이렇게 해서 20개 이상의 예화가 만들어진다.

오른쪽의 엽서를 지금 즐겁게 해줄 이에게 엽서로 보내세요.

주일 예배

어느 부대의 중대장은 어느 날, 사령관으로부터 다음 주일 예배는 될 수 있는 대로 많은 장병들이 참석하게 하라는 지시를 받았다. 그러나 장병들에게 교회에 꼭 나가라는 명령은 내리지 말라는 것이었다.

고민 고민하던 중대장은, 중대 선임하사의 제안을 받아들여 그에게 모든 것을 맡겼다. 그랬더니 선임하사는 금요일 날 중대 내에 다음과 같은 공고를 붙였다.

"완전 군장 차림의 열병식 훈련이 일요일 오전 10시 30분에 실시됨. 중대장이 훈련 전에 중대를 검열할 것이므로 전원 연병장에 집합할 것! 단, 같은 시간인 10시 30분에 있는 일요일 예배에 참석하는 자는 훈련에서 제외됨!"

요셉은 형들에 의해 은 '30개'에 팔렸다?

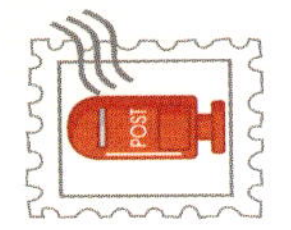

히틀러 사망일

'아돌프 히틀러'는 자신의 죽음에 대해 몹시 걱정했다. 그동안 수많은 사람들을 죽인 그는 유태인들의 망령에 시달렸다. 그는 미래를 예언하는 신통한 유태인 점성가가 있다는 소식을 들었다. 그의 예언은 한번도 빗나간 적이 없다고 했다. 히틀러는 마침내 그를 불러서 자신의 운명을 물어보았다.

"당신은 유태인의 축제일에 죽을 것입니다."

"그 날이 어떤 축제인가. 구체적으로 말해다오!"

"그건 어렵습니다. 그러나 한가지는 확실합니다."

"그것이 무엇인가?"

"당신이 죽는 그 날이 바로 유태인의 축제일이 될 겁니다!"

임종을 앞둔 당신, 당신의 유언을 하나님께서 들어주신다면 당신은 어떤 내용을 유언으로 남기고 싶은가?

요셉과 여호수아는 '같은 나이'에 죽었다?

○ (창50:22, 수24:29)

약속約束의 땅

하나님이 아브라함에게 주기로 약속한 '젖과 꿀이 흐르는 땅'으로 표현되는 비옥한 토지, 가나안을 말하는 것으로 최근에 요르단의 팔레스타인 서쪽 전역의 명칭으로 밝혀졌다.

유머박사

유머 파일 정리하기

유머 예화만 잔뜩 확보하고 있다고 해서 만사가 끝나는 것은 아니다. 이것들을 다시 파일로 만들어 정리를 해야 한다. 즉, 비즈니스에서 써먹을 수 있는 유머, 직장에서 써먹을 수 있는 유머, 가정에서 써먹을 수 있는 유머, 친구끼리 만났을 때 써먹을 수 있는 유머, 병문안 갔을 때 써먹을 수 있는 유머, 예비군 훈련장에서 써먹을 수 있는 유머…

필자는 젊은 남자들이 예비군 훈련장에서 귀동냥한 이야기를 직장에서 써먹다가 망가지는 사람들을 수없이 많이 보았다. 바라건대, 앞으로는 병문안 갈 때 과일이나 꽃도 좋지만 유머를 갖고 가자. 환자에게 유머를 날리면 환자의 병세가 호전이 되고 병실 분위기가 밝아진다. 단, 환자에게 유머를 날릴 땐 환자가 반드시 실밥을 뜯어내고 난 다음에 날려야 한다.

✚ 오른쪽의 엽서를 지금 즐겁게 해줄 이에게 엽서로 보내세요.

어떤 관광객

예루살렘을 방문한 기독교인 관광객이 유대사원의 예배의식을 구경한 후 어떤 유대인을 찾아 물었다.

"의식은 훌륭하였는데 기도를 드릴 때, 모세의 이름이 나올 때마다 성도들이 중얼거리는 것은 왜 그런 거지요? 모세는 유대교의 예언자로서 존경을 받고 있지 않나요?"

유대인은 불만스러운 표정으로 대답하였다.

"아닙니다. 그 사람의 인기는 최근 땅에 떨어졌지요. 그 사람이 안내한 덕분으로 우리 유대인은 젖과 꿀이 흐르는 땅에는 도착하였습니다만, 사실은 석유가 나오는 나라 쪽이 좋았던 것입니다."

요셉과 여호수아는 '같은 나이'에 죽었다?

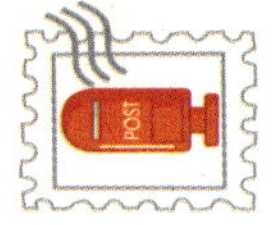

최고급 인생을 위한 10가지 충고

① 최고급 법칙 – 황금률

② 최고급 교육 – 자각

③ 최고급 철학 – 만족한 마음

④ 최고급 음악 – 아이의 웃음

⑤ 최고급 약 – 명랑성과 절제

⑥ 최고급 전쟁 – 자기 약점과의 싸움

⑦ 최고급 과학 – 구름이 낀 날 햇빛을 찾아내는 것

⑧ 최고급 전기 – 우울한 가슴에 햇빛을 비춰주는 것

⑨ 최고급 전술 – 가장 긴 편지들 속에 담겨있는 사랑이야기

⑩ 최고급 음식 – 배고픔

＊OX퀴즈 정답은 보내는이에게 물어보세요! [솔로몬 유머] 중에서…

하나님께서 당신에게 사역을 맡기신다면, 당신은 어떤 사역을 담당하고 싶으며, 그 이유는 무엇인가?

모세가 하나님께 소명을 받은 곳은 '시내산'이다?

(호렙산/출3:1) × ○

십계명+誡命

하나님이 시내산에서 모세를 통하여 이스라엘 백성들에게 주신 열 가지 계명이다. '모세의 십계+誡' 또는 '십계'로도 불리는데, 이것은 두 개의 돌 판에 새겨졌다. 이 계명은 후대 이스라엘의 모든 율법의 기초가 된 것으로, 이집트에서 탈출한 이스라엘 민족이 가나안의 토착민들과의 대결에서 자기들의 사회의식, 종교의식, 윤리의식 등의 고유 전통을 보존하는 데 중요한 역할을 하였다. 이 십계명은 이스라엘 왕국시대는 물론, 초대교회 이후 오늘날까지도 모든 크리스천들의 기본 생활규범이 되고 있다.

유머박사

단타에서 장타로가기

걷지도 못하는 아이에게 뛰라고 명령을 한다면 말이 안되는 것처럼 유머도 처음부터 단타(짧은 이야기)를 외면하고 장타(긴 이야기)를 겨냥한다면 백발백중 불발로 끝난다. 그래서 썰렁한 사람이라는 말을 듣게 된다. 유머 감각을 키우기 위해선 단타에서 장타로, 미소에서 폭소로, 약한 것에서부터 강한 것으로 나아가야 한다.

단타의 대표적인 것은 난센스 퀴즈나 유머퀴즈이다. 단타의 특징은 나의 유머 감각과는 상관없이 내용 자체가 재미있고 웃기기 때문에 사람들을 웃길 수 있다. 사람들이 웃는 모습을 확인하고 나면 '아! 나도 되는구나!' 하는 자신감이 생기고 그 다음엔 가속도가 붙는다.

○ 오른쪽의 엽서를 지금 즐겁게 해줄 이에게 엽서로 보내세요.

전 쟁

어떤 사람이 랍비에게 물었다.

"랍비님! 성경에는 신혼 초의 남자는 병역에 복무시켜서는 안 된다고 나와있는데요. 왜 그런 겁니까?"

"그것은 자기 집에서도 전쟁을 치르고 있기 때문이야!"

진화론

진화론자들은 원숭이나 물고기나 혹은 하등(下等)한 아메바와 같은 미생물이 사람과 그 기원을 같이 한다는 주장을 하고 있다. 그러나 '창조와 진화'의 저자 토마스 헤인즈 박사는

"한 마리의 원숭이가 아무렇게나 타이프를 두들긴다고 할 때, 창세기 1:1의 영문 54타(글자, 띄우기, 마침표 포함)를 치는데 약 1210년이 걸린다는 수학적인 계산이 나온다."고 했다. 그렇다면 실제로 이것은 불가능한 일이며, 더욱이 세익스피어의 희곡과 같은 책을 우연히 타이프 친다는 것은 결코 기대할 수조차 없는 일이다.

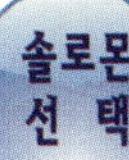

성경역사 중에서 한가지 사건을 영원히 지울 수 있다면, 어떤 사건을, 어떤 이유로 지워버리고 싶나?

하나님께서 애굽에 내린 첫 번째 재앙은 '하수河水를 피血'로 변하게 한 것이다? (출7:17) ○

사이비종교似而非宗教

'진짜같이 보이지만 사실은 가짜' 라는 뜻으로, 도덕성도 결여되고 종교성도 혼합 내지는 혼탁하여 순수하지 못한 종교집단을 의미한다. 다시 말해서 다른 종교를 모방하거나 아니면 혼합하여 종교적인 행위를 하는 집단을 뜻한다. 따라서 그들은 종교라는 가면을 쓰고 온갖 추악한 인간의 욕망을 충족시키려는 특성을 가지고 있다.

유머박사

눈높이 맞추기

나에게 재미있고 웃기는 얘기라고 해서 다른 사람들에게도 재미있고 웃기는 얘기라 단정할 수 없다. 반면, 나에게 재미없고 썰렁한 얘기라고 해서 다른 사람에게도 재미없고 썰렁한 얘기라고도 할 수 없다. 유머도 눈 높이가 있기 때문에 눈 높이가 맞으면 재미있고, 맞지 않으면 재미없다. 유머는 노인용, 성인용, 청소년용 그리고 어린이용이 엄연히 따로 존재한다. 물론 남녀노소 모든 이에게 통하는 유머도 있지만, 유머소재의 선택을 잘 분별해서 눈 높이를 맞추어 해야 한다. 대략, 어린이에게는 수수께끼, 청소년에게는 단어 비틀기, 성인에게는 Y담(야한 이야기)이나 풍자諷刺가 적합하다.

오른쪽의 엽서를 지금 즐겁게 해줄 이에게 엽서로 보내세요.

유구한 역사

1933년의 베를린.
이집트의 어느 외교관이 유대인을 닮았기 때문에 유대인으로 오인되어 나치의 무리들에게 몰매를 맞았다. 겨우 신분이 밝혀져 죽음은 모면할 수 있었으나, 폭행을 가한 나치의 무리들은 분이 가시지 않은 듯 투덜거렸다.

"아무튼 유대인 족속은 모조리 없애버려야 해!"

이 말을 들은 이집트 외교관은 시큰둥한 표정으로 말했다.

"모두 소용없는 일이요. 실은 우리도 4000년 전에 시도해 본 일이 있지만 헛수고였습니다!"

 퀴즈

하나님께서 애굽에 내린 첫 번째 재앙은 '하수河水를 피血'로 변하게 한 것이다?

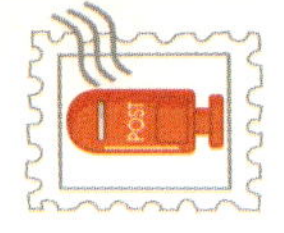

대리 만족

뉴욕에서 신문에 보도된 재미있는 토픽 한 토막이다.

뉴욕 '썬 사이드' 에 있는 어느 공장에서 사장이 자기 얼굴을 닮은 고무 인형을 매달아 놓고 "누구든지 화가 나면 이 인형을 두들겨 패라!"고 써 붙였다.

직공들이 하도 많이 두들겨서 고무 인형은 1주일에 한번씩 새 것으로 갈아 놓아야 했지만, 결과적으로 작업능률이 올라 성공적이었다고 한다. 이 세상에서 성공할 수 있는 지름길은 바로 자신을 낮추고 희생하는 것이다.

내가 겪었던 일 중에 한가지를 나의 자녀에게도 똑같이 겪게 할 수 있다면, 어떤 일을 경험하게 할까?

이스라엘 백성들이 애굽 땅에 있었던 기간은 '430년' 동안이었다?

○ (출12:40)

히브리인

'히브리인'은 어원적으로 '여기저기 떠돌아다니는 사람들'이라는 의미가 있으며 아브라함과 그의 손자 야곱의 자손을 말한다. 즉 이스라엘인을 말한다. 또한 유대인과 유대교를 믿는 사람을 지칭하는 경우도 많다. 예외적으로 크리스트교(프로테스탄트 + 카톨릭)를 믿는 유대인은 전 인구의 2~3% 정도이다. 대략적으로 말하면 히브리인=이스라엘인=유대인이다.

유머박사

어린이용 유머퀴즈 10선

① 가장 계급이 높은 병균은?　　　　　　　[대장균]
② 세계에서 가장 빠른 차는?　　　　　　　[빵소니차]
③ 입으로 먹고 배로 내뱉는 것은?　　　　　[우체통]
④ 배로 먹고 입으로 내뱉는 것은?　　　　　[대패]
⑤ 소변과 대변 중 어느 것이 먼저 나오는가?　[급한 것]
⑥ 발바닥이 가운데가 움푹 패인 이유는?　　[지구가 둥그니까]
⑦ 인도 땅덩어리보다 꼭 4배가 더 큰 나라는?　[인도네시아]
⑧ 벼락부자가 되려면 무슨 장사를 해야 하나?　[피뢰침장사]
⑨ 돈을 벌려면 자주 망쳐야 되는 사람은?　　[어부(그물)]
⑩ 포도를 따는 데 가장 적당한 시기는?　　[주인이 없을 때]

○ 오른쪽의 엽서를 지금 즐겁게 해줄 이에게 엽서로 보내세요.

착각은 자유

어떤 아가씨가 고해 성사를 하고 있었다.

아가씨 : 허영의 죄를 지었습니다.

신　부 : 무슨 이유로 그렇게 생각을 하십니까?

아가씨 : 매일 아침 거울을 볼 때마다 나는 왜 이렇게 미인일까 하고 생각하기 때문입니다.

신　부 : 아가씨는 고민할 필요가 없습니다. 그것은 죄가 아니라 단순한 착각이니까요!

이스라엘 백성들이 애굽 땅에 있었던 기간은 '430년' 동안이었다?

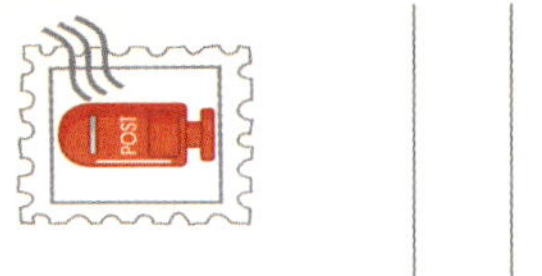

목사와 이발사

목사와 이발사가 몹시 지저분하고 악취가 풍기는 시카고의 빈민 거리를 나란히 걷게 되었다. "만약 하나님이 계시고 그가 사랑의 하나님이시라면 세상에 어찌 저렇게 처참하게 살도록 내버려두신 단 말입니까?"라고 회의론자인 이발사가 말했다. 그 때 히피족 하나가 지나갔다. "저 친구를 보십시오. 저 친구는 수염도 깍지 않고 머리는 어깨를 덮으니 어찌 당신 같은 이발사가 젊은이들이 저렇게 이발도 하지 않고 거리를 활보하도록 내버려두십니까?"라고 이발사에게 물었다. 이발사는 "그야 저 친구들이 이발도 하지 않고 거리를 활보하니까 그렇죠. 이발소에 들어오기만 하면 멋진 신사로 만들어 줄텐데 말입니다." "하나님도 당신과 마찬가지 생각을 가지고 계십니다. 인간들이 하나님께로 나아와 기도를 드린다면 하나님은 그들의 삶을 완전히 바꾸어 놓으실 것입니다!"

타임머신을 타고 과거로 돌아가 인생을 다시 살 수 있다면, 성경역사 중 어느 시대에 태어나 어떤 일을 하며 살고 싶은가?

이스라엘 백성들이 애굽을 떠나 광야를 지날 때, '낮에는 불기둥, 밤에는 구름기둥'이 항상 있었다?

× (낮에는 구름기둥 밤에는 불기둥 / 출13:22)

회개 悔改

죄악 세계에 빠진 마음을 돌려 하나님의 은혜 세계로 복귀시키는 일련의 행위를 회개라 하며 이전에 자신을 사로잡고 있던 우상, 미신, 재물이나 이기적인 욕심 등 지금까지 살아오던 삶의 방식에서 방향을 즉시 중단하고 돌이켜, 단호하게 벗어나 하나님을 섬기는 행위로 바꾸는 것을 말한다. 이것은 인간에게 구원을 가져다준다.

유머박사

어린이용 OX퀴즈 10선

O X 퀴즈는 유머퀴즈와는 다르기 때문에 과학적이고 합리적인 것이라야 한다.

① 고래도 생선이다? [X]
② 바나나도 씨가 있다? [X]
③ 물고기는 혀가 없다? [O]
④ 원숭이는 지문이 없다? [O]
⑤ 고래도 냄새를 맡을 수 있다? [X]
⑥ 뱀은 뒷걸음질을 칠 수 없다? [O]
⑦ 오징어의 피는 푸른색이다? [O]
⑧ 고양이도 잠을 잘 때 꿈을 꾼다? [O]
⑨ 아라비아숫자는 아랍인이 만들었다? [X]
⑩ 얼룩말의 줄무늬는 검정색이다? [X]

오른쪽의 엽서를 지금 즐겁게 해줄 이에게 엽서로 보내세요.

그럴듯한 소리

한 분야에서 가장 오래된 전문가 네 명이 모여서 서로 입씨름을 벌였다. 맨 처음으로 의사가 입을 열었다.

의 사 : 내 직업이 세상에서 최고라고. 역사상 가장 오래 되었으니 말야. 왜냐하면 하나님이 이브를 만들려고 아담의 갈비뼈를 떼어냈을 때부터 존재했으니까!

건축가 : 아니야, 우선 세계를 설계하고 조직화한 것은 건축가의 일이었다는 거 몰라?

철학자 : 당신들의 말은 근원이 없소. 세계를 만들기 전 카오스(혼돈)에 대한 개념이 없어서는 안되었다는 것을 모르오?

이제껏 세 사람의 말을 듣고 있던 정치가가 입을 열었다.

정치가 : 모두 그럴듯한 소리요! 그런데, 바로 그 혼돈을 만들어 놓은 것은 누구일거 같소?

이스라엘 백성들이 애굽을 떠나 광야를 지날 때, '낮에는 불기둥 밤에는 구름기둥'이 항상 있었다?

빈손으로 갑니다

알렉산더 대왕은 자기가 죽으면 손을 묶지 말라고 유언했다. 당시의 일반적인 장의절차에 의하면 소매가 굉장히 긴 수의를 입혀 시신의 팔을 끼운 다음 나머지 긴 소매의 끝으로 그 허리를 묶었다. 그렇게 되면 손이 보일 리가 없다. 왜 그는 이런 별난 유언을 한 것일까? 그것은 자기를 조문하려 오는 수 많은 사람들에게 자기의 손을 보여 주고 싶었기 때문이었다. 세상에서 자기만큼 많은 것을 가졌던 사람도 없고, 자기처럼 넓은 땅을 정복한 사람도 없었지만 결국 자기 자신도 죽은 다음엔 빈 손뿐이라는 무언의 교훈을 남기고 싶었던 것이다.

성경의 인물 중, 어느 한 사람의 두뇌를 가져와 이식수술을 받을 수 있다면, 누구의 두뇌를 이식 받고 싶은가?

모세가 홍해를 가를 때, 지팡이를 들은 손으로 '바다를 내리쳤다'?
× (내밀었다/ 출14:16)

구약성경舊約聖經

구약성경은 하나님께 선택받은 유대인을 중심으로 쓰여졌고 신약성경은 전 인류의 구원을 중심으로 쓰여졌다. 구약 성경을 크게 분류하면 율법서律法書, 역사서歷史書, 시가서詩歌書, 예언서豫言書로 구분하는데 율법서는 창세기부터 신명기까지를 말하고, 모세 오경五經이라고도 한다. 또 율법을 요약하면 십계명이 되는데 율법으로 구원받은 사람은 한 사람도 없었다(롬3:10, 갈2:16). 따라서 우리는 구약의 방법이 아닌 오직 신약성경에 제시된 방법을 통해서 구원을 받는다.

유머박사

청소년용 유머퀴즈 10선

① 길이가 2Km나 되는 발은?　　　　　　　[오리발]
② 허수아비의 아들 이름은?　　　　　　　　[허수]
③ 공부해서 남 주는 사람은?　　　　　　　　[교사]
④ '오리지날' 이란?　　　　　　　　　　　[오리도 지랄하면 날수 있다]
⑤ '훔친다' 의 과거형은 '훔쳤다' 이다. 미래형은?　[교도소]
⑥ '할아버지 발은 큰 발이다' 를 4자로 줄이면?　[노발대발]
⑦ 천재 남편과 백치 아내 사이에서 태어난 아이는?　[갓난아이]
⑧ 세계에서 굶는 사람이 가장 많은 나라는?　　[헝가리]
⑨ 문어의 손과 발을 구별하려면?　　[몽둥이로 머리를 때려서 올라오는 것이 손]
⑩ 죽었다 깨어나도 못하는 것은?　　　　　[죽었다 깨어나는 것]

오른쪽의 엽서를 지금 즐겁게 해줄 이에게 엽서로 보내세요.

신의 기적

세관원이 한 부인에게 물었다.

세관원 : 부인, 이 병 속에 든 건 무엇입니까?
부　인 : 로마의 신부님한테서 얻은 성스러운 물입니다.
세관원 : 그런데 이 물에서 웬 위스키 냄새가 나지요? 또 맛도 위스키 맛이고요.

그러자 부인이 소리를 질렀다.

"오~오! 드디어 물이 술로 변하는 신의 기적이 일어났군요!!!"

모세가 홍해를 가를 때, 지팡이를 들은 손으로 '바다를 내리쳤다'?

*OX퀴즈 정답은 보낸이에게 물어보세요! [솔로몬 유머 중에서...]

홍해 기적

성경의 기적을 믿지 않는 선생님이 학생들에게 말을 했다.

"성경에 있는 기적은 진짜로 있었던 것이 아니에요. 예를 들어 우리가 알다시피 모세가 백성들을 끌고 홍해바다를 건너갔을 때 바다의 깊이가 6인치밖에 안 되는 갈대밭을 건너간 것이지 어떤 기적이 있었던 것이 아니거든요."

선생님의 말이 끝나자 뒤에 앉은 학생 한 명이 "기적을 인하여 하나님께 영광을 돌립니다!" 라고 했다.

좀 기분이 좋지 않은 선생님은 "무슨 기적이란 말이에요?"라고 묻자 학생은 다음과 같이 대답했다.

"하나님께서 모세와 이스라엘 백성을 따라오던 애굽의 그 큰 군대를 모두 홍해 바닷물에 빠져죽게 했는데, 그 깊이가 6인치 밖에 안 된다는 게 하나님의 진짜 기적이 아니겠습니까?"

솔로몬 선택

크리스천으로 살아가는데 있어서 가장 참기 힘든 점이 있다면 무엇이 있을까?

O X 퀴즈

모세가 홍해를 가를 때, 강력한 바람이 불어 물이 수직으로 갈라져 벽이 되었는데 이 때 분 바람은 '서풍'이다?

(출 14:21 / 동풍) × ●

성경 공부

소명 召命

어떤 특별한 목적을 위해 부름을 받는 것을 뜻하는 말로서, 죄가 많은 세상에서 살던 자가 하나님의 부름을 받고 구원救援에 이르는 것을 말한다. 구약성경에서는 하나님으로부터 선택받은 이스라엘 백성이나 하나님의 사자使者로서의 예언자적 소명이 그 예이다. 그러나 소명을 받고 성직자가 되어 하나님과 이웃을 섬기는 일만을 말하는 것이 아니라, 신앙 안에서 어떤 직업(달란트)에 종사하든 하나님의 나라를 위해 일할 수 있도록 하나님께서 부르신 크리스천들은 모두가 특별한 소명을 받은 것이다.

유머박사

청소년용 OX퀴즈 10선

① 사슴은 쓸개가 없다? [O]
② 쌍둥이는 지문이 같다? [X]
③ 곰 발바닥도 간지럼을 탄다? [O]
④ 비행기에도 피뢰침이 있다? [X]
⑤ 원숭이도 사람처럼 후회를 한다? [O]
⑥ 소화제는 식후 보다 식전에 먹는 것이 좋다? [O]
⑦ 돼지 저금통을 세계 최초로 만든 나라는 우리나라다? [X]
⑧ 독사가 개구리를 잡아먹다가 실수로 자기 혀를 깨물면 죽는다? [O]
⑨ 포도당 주사의「포도」자와 과일「포도」자는 한문으로 똑같다? [O]
⑩ 북한 주민 이름 중,「김일성」과「김정일」이라는 이름이 있다? [X]

● 오른쪽의 엽서를 지금 즐겁게 해줄 이에게 엽서로 보내세요.

야유회

따뜻한 봄날에 어떤 두 집사 사이의 대화

맹집사 : 내가 깜빡 잊고 자네를 내일 있을 야유회에 미리 초청하지 못했었네. 내일 함께 가세!

김집사 : 너무 늦었다네. 내일 비가 억수로 쏟아지고 벼락이 치라고 기도했다네~!

 퀴즈

모세가 홍해를 가를 때, 강력한 바람이 불어 물이 수직으로 갈라져 벽이 되었는데 이 때 분 바람은 '서풍'이다?

크리스천이란?

제2차 세계대전이 끝난 후, 독일의 한 회합에서 "크리스천이란 도대체 무엇인가?"라는 것으로 토론이 행해졌습니다.

"크리스천이란 교회에 출석하는 자이다." "크리스천이란 크리스트교의 활동에 참가하고 있는 자이다." "크리스천이란 그리스도교적 사랑을 실천하는 자이다." 등의 여러 가지 의견이 제출되었습니다. 그러나 모두가 가장 찬성한 의견은 이것이었습니다.

"크리스천이란 그리스도를 마음에 가지고 있는 자이다."

종교 개혁을 한 마틴 루터는 말했습니다. "사람이 만약 내게 '그리스도는 어디에 계십니까?' 라고 묻는다면 나는 '그리스도는 내 마음에 계십니다!'고 대답할 것입니다."

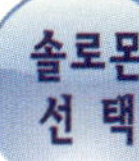

아프리카 원주민에게 선교하려면, 어떤 점을 강조해서 선교해야 가장 효과적일까?

이스라엘 자손이 가나안 지경에 이르기까지 만나를 먹은 기간은 '40년'이다?

(출16:35) ○

구약성경舊約聖經의 핵심核心

본래 히브리어로 쓰여진 24권의 책들을 그리스어로 번역하면서 39권으로 재편집했는데, 구약성경은 인류 역사상 가장 많은 사람들에게 영향을 미친 책으로 우주와 만물이 하나님에 의해 창조되었으며, 세계와 역사는 하나님이 친히 다스리며 심판하신다는 '신의통치 신학'은 신약성경에도 그대로 계승되었다. 구약성경은 율법과 제사로부터 시작되었으나 율법과 제사는 반드시 바뀌어져야 했다(히 7:12). 그래서 율법은 '복음'으로 변했고, 제사는 신령한 '예배'(롬 12:1)로 변했다.

유머박사

성인용 유머 퀴즈 10선

① 떼돈을 벌려면?　　　　　　　　　　　[때밀이를 한다]
② 곤충 중 수컷만 있는 것은?　　　　　　[고추잠자리]
③ '고추잠자리'를 2자로 줄이면?　　　　　[팬티]
④ 우리나라 최초의 기둥서방은?　　　　　[천하대장군]
⑤ 사업상 목욕을 할 수 없는 사람은?　　　[거지]
⑥ 법적으로 바가지 요금을 받아도 되는 사람은?　[바가지 장수]
⑦ 피임약이 부작용을 일으키면 어떻게 되나?　[임신]
⑧ 도둑질을 하다가 잠자는 사람의 목을 밟아 죽였을 경우의 죄목은?

[업무상과실치사]

⑨ 순전히 재수로 한 몫보는 곳은?　　　　[재수생 학원]
⑩ 가슴이 아주 큰 여자가 널뛰기를 하고 나면 어떻게 될까?

[눈탱이가 밤탱이가 된다]

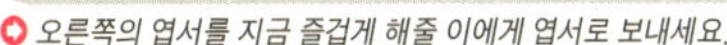

○ 오른쪽의 엽서를 지금 즐겁게 해줄 이에게 엽서로 보내세요.

책 임

아내가 남편에게 말했다.

"여보, 닭 한 마리를 사다 잡아주세요. 내일은 우리의 은혼식이니까 음식을 장만해야죠?"

그러자 남편이 시무룩해서 말했다.

"우리들 사이에 일어난 25년 전의 일에 대해, 닭에게 무슨 책임이라도 있다는 거야?"

이스라엘 자손이 가나안 지경에 이르기까지 만나를 먹은 기간은 '40년'이다?

POST CARD
우편엽서

받는사람

보내는사람

해서 안 되는 말 10가지

① "잘 해봐라"는 비꼬는 말

② "난 모르겠다"는 책임 없는 말

③ "그건 해도 안 된다"는 소극적인 말

④ "네가 뭘 아느냐"는 무시하는 말

⑤ "바빠서 못한다"는 핑계의 말

⑥ "잘 되어가고 있는데 무엇하러 바꾸느냐"는 안일한 말

⑦ "이 정도면 괜찮다"는 타협의 말

⑧ "다음에 하자"고 미루는 말

⑨ "해보나 마나 똑같다"는 포기의 말

⑩ "이제 그만 두자"는 의지를 꺾는 말

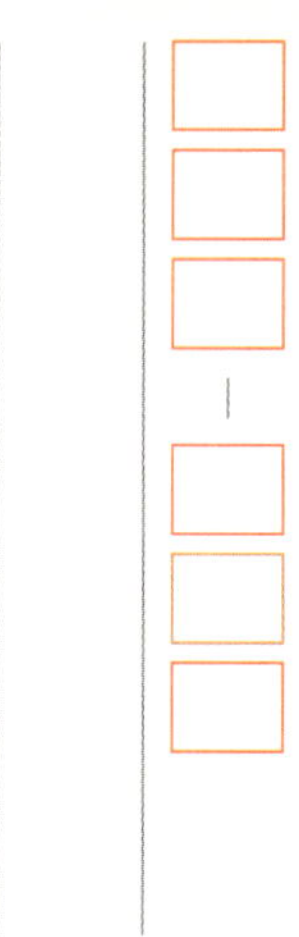

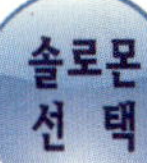

신앙생활을 하던 중 심각한 문제가 생겼다. 가장 먼저 누구에게 도움을 청하고 싶은가?

우상인 금송아지를 만든 사람은 '아론' 이다?

○ (출32:4)

우상숭배偶像崇拜

진정한 하나님이 아닌 대상을 '우상' 이라고 하며, 물질적인 것이 초자연적 존재의 힘을 가지고 있다고 생각하여 숭배의 대상으로 믿거나 추앙하는 일을 '우상숭배'하고 한다. 사람들은 죽을 수밖에 없는 인간, 소, 코끼리, 뱀 등의 동물들과 태양, 돌, 흙 등의 자연을 초자연적 존재의 형태로 만들거나, 그것을 상징하는 형태로 만들어 섬기는데 이러한 우상숭배 행위는 세계 거의 모든 민족문화에서 찾아볼 수 있다. 그러나 이 일은 하나님이 가장 경계하는 죄로 절대로 해서는 안 된다고 십계명 중 첫 번째로 규정하고 있다.

유머박사

성인용 OX 퀴즈 10선

① 키스를 많이 할수록 수명이 늘어난다? [O]
② 사랑을 하면 예뻐진다? [O]
③ AIDS 환자와 악수를 하면 감염된다? [X]
④ 웅담은 정력과 상관이 없다? [O]
⑤ AIDS 환자와 함께 변기를 사용하면 감염된다? [X]
⑥ AIDS 환자와 함께 목욕이나 수영을 하면 감염된다? [X]
⑦ AIDS 환자와 함께 엘리베이터를 타면 감염된다? [X]
⑧ AIDS 환자를 물은 모기에게 물리면 감염된다? [X]
⑨ 사우나를 자주하면 정자수가 줄어든다? [O]
⑩ 사춘기 전에 고환을 잃어버리면 변성기는 안 온다? [O]

◈ 오른쪽의 엽서를 지금 즐겁게 해줄 이에게 엽서로 보내세요.

위험한 상상

늙은 수녀와 젊은 수녀가 수녀원으로 가는데 뒤에서 한 남자가 뒤따라온다.

"빨리 가요."

종종 걸음으로 발걸음을 재촉해도 계속해서 쫓아오자 늙은 수녀가 말했다.

"둘이서 헤어져 가요. 살아남은 한 쪽이 수녀원에 알리는 거예요."

수녀들은 서로 갈라져서 뛰었다.

늙은 수녀는 겨우 수녀원에 도착했다.

그런데 젊은 수녀는 얼마 있다가 도착하는 것이다.

"무사했군요."

"네, 실은 뛰다가 그 남자에게 잡혔습니다."

"오, 하나님! 그래서요?"

"저는 치마를 걷어올렸습니다. 그 남자는 웃으면서 바지를 내렸고요."

"오, 오! 주여, 주여!"

"생각해 보세요. 치마를 치켜올린 여자와 바지를 내린 남자… 누가 경주에서 이겼겠습니까?"

우상인 금송아지를 만든 사람은 '아론' 이다?

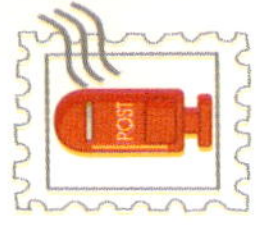

도와드릴까요?

어느 자동차 정비사가 여행 도중 차가 고장나서 끙끙대고 있었습니다. 스스로 자동차에 대해서는 뭐든지 잘 알고 있다고 생각했던 기술자였음에도 불구하고 차를 고칠 수가 없었습니다. 그때 차를 몰고 가던 어떤 노신사가 다가와서 말했습니다.

"도와드릴까요?"

정비사는 무뚝뚝하게 대답했습니다. "나는 자동차 정비사요."

그러나 그는 차를 고칠 수 없었습니다.

"도와드릴까요?" 노신사는 다시 물으면서 차의 한 부분에 손을 대자 차는 곧 시동이 걸렸습니다.

노신사는 바로 그 차를 만든 '포드'였습니다.

우리를 지으신 분은 우리를 아십니다.

오늘 도 그분은 당신께 묻습니다.

"내가 도와줄까?"

기독교에 관한 여러 가지 잘못된 편견들 가운데 한가지를 없앨 수 있다면 어떤 것이 있을까?

유월절과 무교절은 '같은 말'이다.　O

속량 贖良

　　종을 풀어주어서 자유인이 되게 하는 것을 말하는데, 그 대가는 금전뿐만 아니라 대신 일을 하거나 생명을 제공하는 경우도 있었다(막 10:45). 예수 그리스도께서 십자가의 보혈寶血로 만민의 죄를 대신하여 씻어내고 구원한 일을 가리키는 '속량'이라는 말은 예수 그리스도께서 인류의 구세주임을 선포하는 내용을 바탕으로 하고 있다(사 43:3).

유머박사

신선도 유지하기

　　재방송을 보거나 지나간 유머를 듣고 웃는 사람이 없듯이, 야채나 생선처럼 유머도 신선도를 유지해야 한다. 그렇지 않으면 망가지기 일쑤다.

　　대상에 따라 대략 유머의 유통기한(?)은 다음과 같다.

① 네티즌 : 유통기한이 일주일밖에 안 된다. 왜냐하면 정보가 광속도로 왔다갔다하고 있기 때문이다.

② 신세대 : 유통기한이 보름정도는 간다. 왜냐하면 자신이 하는 업무가 있기 때문에 유머에만 몰입할 수 없기 때문이다.

③ 쉰세대 : 통조림이다. 따지만 않으면 엄청 오래 버틸 수 있다.

또 다시 지옥

한 집사님이 교통사고로 기절을 했다가 병원에서 의식이 돌아오기 시작했다.

"여보!"
아내의 목소리에 정신이 번쩍 들은 그는 주위를 둘러보며 말했다.

"여기가 천국이오?"
하고 물었다.

그러자 아내는 눈살을 찌푸리며,

"여보! 저예요, 정신을 차리세요! 내가 누군지 알겠어요?"
하고 소리쳤다.

그러자 그는 아내의 얼굴을 물끄러미 바라보더니 겁에 질린 목소리로,

"아이쿠... 지옥이구나!!!"
그리고는 또 다시 기절하고 말았다.

유월절과 무교절은 '같은 말'이다.

지상 최대의
슬픈 스포츠 이야기

　권투와 여러 사업으로 큰 재산을 모은 무하마드 알리는 최근 '런던 데일리 스타지'와의 인터뷰에서, "풍요한 물질생활이 싫어졌다. 그것은 사람의 신경을 돋구게 하고 정신생활을 건조하게 한다. 뚱뚱하고 게을러지는 것보다 가난해도 뛰어다닐 때가 좋다. 정원사를 두었을 때보다 내가 마당을 손질을 할 때, 식모를 두었을 때보다 내가 아내와 함께 접시를 닦을 때가 더 행복하다!"고 술회하였다. 신문은 이 기사의 제목을 "지상 최대의 슬픈 스포츠 이야기"(The Saddest Sports Story Ever Told)라고 적었다.

<table>
<tr><td>

학교에서 배운 과목 중 신앙생활을 하는데 있어서 가장 도움이 되는 과목은 무엇인가?

오순절은 유월절 후 '50일째' 되는 날을 의미한다.

○ ●

성령세례 聖靈洗禮

　예수 그리스도를 구세주로 믿고 회개하여 거듭나게(중생) 하는 성령의 사역이다. 성령세례 없이 예수님을 구세주로 믿을 수 없기 때문에 예수 그리스도를 구세주로 시인하는 자는 성령세례를 받은 것이다. 한편, 물세례는 교회 공동체에 입문하는 외적인 의식으로서, 성도 자신의 고백과 이에 대한 교회의 인정을 뜻한다. 그러므로 물과 성령으로 거듭나야 한다고 말할 때(요3:5), 성도에게는 성령세례를 통한 내적인 체험이 있어야하고 동시에 물세례를 통한 교회의 외적 공인이 함께 있어야 됨을 뜻한다.

유머박사

때와 장소 가리기

　친구들 중에는 때와 장소를 못 가리고 유머를 날리는 친구가 있을 수 있다. 물론 웃음보가 자극을 받았기 때문에 웃음은 나오지만, 이야기 허리가 다 끊기고 봉합(?)도 잘 안 된다. 이런 친구는 어디 놀러갈 때나 연락하게 되지 내 속내를 털어놓을 깊은 고민거리가 있을 땐 이런 친구는 찾지 않는다.

　유머를 구사할 때 주의할 점은, '지금은 유머를 할 때인가?' '이 곳은 유머가 필요한 장소인가?'를 판단해야 한다. 왜냐하면 상갓집에 문상을 가서 개그를 할 리는 없지만, 때와 장소를 못 가리는 유머도 이에 못지 않게 심각한 결과를 낳기 때문이다.

● 오른쪽의 엽서를 지금 즐겁게 해줄 이에게 엽서로 보내세요.

</td><td>

씻은컵

집사 세 사람이 레스토랑에서 주문을 했다.

"나는 홍차를 주세요."

"나는 홍차에　레몬을 넣어 주세요."

"나도 홍차로 하겠는데　컵은 잘 씻어 주세요."

잠시 후 보이가 홍차를 세 사람 앞으로 가져왔다.

"씻은 컵은 어느 분이 주문하셨나요?"

</td></tr>
</table>

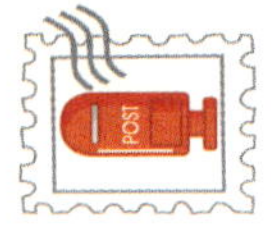

POST CARD
우편엽서

받는사람

보내는사람

성경 식욕

식욕은 건강의 시금석이라고 한다. 식욕이 떨어지면 건강의 적신호이며, 식욕이 왕성하면 젊고 건강한 징조다. 크리스천에게 있어 성경은 영의 양식이다. 아기 때는 젖을 먹고 크면 밥을 먹는데(고전 3:2), 아기 성도는 스스로 성경에서 밥을 먹을 수 없기 때문에 교사들이 젖을 먹여준다. 성도가 성경을 파먹고 살 정도 되면 다 큰 징조다. 성경에서 멀어지면 사탄에게 가깝고, 성경에 가까워질수록 하나님께 가깝다. 성경에 손때가 묻을수록 마음이 깨끗하고 성경이 깨끗할수록 마음이 더럽다. 배고픈 사람처럼, 목마른 사람처럼, 성경식욕과 성경갈증이 클 수록 영靈이 건강하다는 증거다.

크리스천으로서, 성숙하지 못했던 나의 과거 중 마음에 들지 않는 1년을 다시 살 수 있다면, 어느 해를 어떻게 살 건가?

안식년은 매 7년마다, 희년은 매 '50년' 마다 돌아온다?

(레25:8,10) ○

안식년 安息年

모든 토지가 하나님의 소유라는 개념에서 출발하며, '유대인'이 6년 간 일하고 1년 동안 쉬는 해를 말한다.

유머박사

유머의 에티켓

유머는 대화에 있어서 차지하는 비중이 아주 크기 때문에 에티켓은 반드시 필요하다.

필자가 어느 약혼식 사회를 볼 때의 일이었다. 약혼식 순서 중 축가시간이 되었는데 어느 예비신랑 친구가 일어나 정중하게 인사를 하고 난 후 축가를 부르는데, '배신자' (얄밉게 떠난 님아~~~)를 부르는 것이 아닌가!!! 약혼식 분위기가 완전히 엉망이 되었다. 물론 그 노래를 노래방에서 불렀다면 많은 박수를 받았을 노래 실력이었지만...

유머든 노래든 앞뒤 못 가리고 에티켓없이 튀려는 마음으로 나선다면 큰 봉변을 당할 수도 있다. 축구경기에서 너무 오버하면 헐리웃 액션으로 지적 받고 곧바로 레드카드를 받아 퇴장 당하게 되는 것과 같다.

○ 오른쪽의 엽서를 지금 즐겁게 해줄 이에게 엽서로 보내세요.

일요일까진

스코틀랜드 어느 교회의 목사가 안개 자욱한 밤 시골길을 걷다가 깊은 구렁에 빠져 버렸다. 사다리같은 것도 없으니 나올 방법이 없었다. 하는 수 없이 큰소리로 구조를 청했다. 이 소리를 들은 한 농부가 구렁 속을 내려다보며 누구냐고 묻자 목사가 신분을 밝혔다. 그러자 농부는,

"그렇다면 서두를 필요가 없겠군. 당신은 일요일까진 필요가 없지. 오늘은 아직 수요일이니까 말야!"

안식년은 매 7년마다, 희년은 매 '50년' 마다 돌아온다?

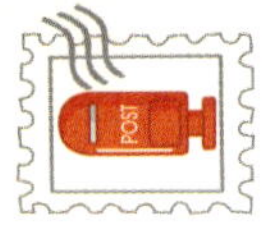

게으른 목회의 위험

다른 일에서와 마찬가지로 목회의 최종 한계선은 게으름(매너리즘)이다.

법률가는 작년에 사용한 소송사건의 적요를 사용할 수 없고, 의사는 지난주의 진단에 의존할 수는 없고, 상인은 10년 동안의 단골이 다른 곳에서 유혹 받지 않을 것이라고 장담할 수 없다.

목회도 예외는 아니다. 목회자는 방심하지 말아야 하며, 항상 새롭게 성장해야 한다.

헤어스타일을 바꿀 것이 아니라, 생각을 바꿔야 한다. 생각은 신선하게 하고 말은 열렬하게 해야 한다. 빵은 신선할 때 맛이 있다. 오래된 빵은 자르기 어렵고, 먹기에는 더욱 어려우며, 무엇보다도 소화시키기에 가장 어렵다. 성경은 게으른 것과 죄를 동일시한다.

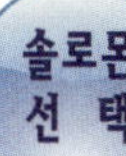

과거로 돌아가 성경의 역사적인 인물의 하인이 되어 살아야 한다면, 누구의 하인으로 살고 싶은가?

가나안 땅을 탐지한 12명의 정탐꾼 중, 신앙의 관점에서 제대로 보고한 사람은 '여호수아' 뿐이다?

× (여호수아 갈렙/ 민14:6)

나실인ㅅ

'나실'은 히브리어로 '성별 한다'는 뜻으로 하나님께 헌신하도록 뽑혀 세움을 받거나, 자원하여 하나님께 헌신하기로 서원한 사람(민 6:2)으로 지켜야할 사항으로는 자기 몸을 구별하고, 독주를 금하고, 머리를 깎지 않고, 시체를 멀리하여 몸을 더럽히지 않고, 몸을 구별하여 거룩하게 하는 것 등이다. 나실인의 서원 기간은 30일, 60일, 100일이 있고, 7년 간을 서원 하였다가 20년 간을 지낸 경우도 있다. 평생을 나실인으로 지낸 사람도 있는데, 구약의 삼손이나 신약의 세례 요한의 경우이다.

유머박사

생생한 느낌 피하기

느낌이 좋지 않은 생생한 유머는 피해야 한다. 분위기를 망치거나 뒤돌아 서면 욕먹기 십상이다. 예를 들어, 배탈이 나서 나오는 설사를 '갈아만든 똥'이라고 단타(난센스 퀴즈)를 날리면, 웃기는 소리는 될 수 있어도 돌아서면 느낌이 개운하지 않다. 유머는 느낌이 중요하다.

또 다른 예를 들어보자, 추운 겨울날 포장마차에 들러 양념이 잘 된 '닭똥집'과 '닭발'은 너무나 맛있다. 게다가 '직불구이'가 아닌가?

그런데 이것들은 '치질 걸린 닭똥집' 또는 '무좀 걸린 닭발'이라고 한다면, 공짜로 줘도 안 먹는다. 표현에 있어서 느낌이 좋지 않은 것들은 전부 폐기 처분해야 한다.

❶ 오른쪽의 엽서를 지금 즐겁게 해줄 이에게 엽서로 보내세요.

마음이 고와야지

장로님 사장과 집사님 직원이 철이 지난 물건을 놓고 고민을 하고 있었다.
장로님 사장이 먼저 말을 꺼냈다.

"무슨 좋은 아이디어가 없을까?"
"사장님! 지방으로 보내면 어떨까요?"
"이 사람아, 지방 사람이라고 철이 지난 옷을 입을 수 있는가?"
"아닙니다. 사장님! 10벌씩 넣어 포장을 하되 계산서는 8벌로 써 넣습니다. 나머지 2벌은 회사의 실수로 돌리는 겁니다. 그 대신 옷값을 2벌 치만큼 올리는 거죠!"

장로님 사장은 무릎을 치면서 '굿 아이디어!'라고 칭찬하고는 즉시 실천에 옮겼다. 그러나 몇 주가 지난 뒤 사장은 아이디어를 낸 집사님 직원을 불러놓고 노발대발하고 있었다.

"이봐, 자네 때문에 난 이게 망했네. 망했어! 옷을 팔아주기는 커녕 2벌은 빼고, 8벌만 모두 반품해 왔단 말야!!!"

가나안 땅을 탐지한 12명의 정탐꾼 중, 신앙의 관점에서 제대로 보고한 사람은 '여호수아' 뿐이다?

누군가 해야 할 일

미국의 캠브리지 대학에서 불이 났을 때의 일이다. 불이 나자 학생들은 모두 불을 끄기 위해 릴레이식으로 줄을 서서 물을 날랐다. 추운 날씨였는데, '헤어'라는 학생이 물 속으로 들어가 물을 퍼주는 역할을 하고 있었다.

"여보게, 헤어! 자네는 몸도 허약한데 왜 이렇게 힘든 일을 자청하였나?"

헤어는 이렇게 대답했다.

"이 일은 분명 누군가가 해야만 할 일이기에 제가 먼저 맡았을 뿐입니다!"

일에서의 행복은 어떤 일을 하느냐가 중요한 게 아니라, 자기가 맡은 일에 얼마나 최선을 다해서 하고 있느냐가 중요한 것이다.

부모님이 이 성경구절만은 꼭 외워야 된다고 생각하는 한 가지는 어떤 것인가?

소금 언약은 '변하지 않는 언약' 이라는 뜻이다?

(민18:19) ○

언약言約

계약은 당사자간에 '합의' 라는 뜻을 갖지만, 언약은 말로 하는 약속으로 하나님께서 일방적으로 인간과 맺는 다는 것이 계약과 다르다. 일방적이지만 사랑과 은혜의 약속이기에 불합리한 것이 없고(창 9:9) 어떤 의무가 따르는 점은 계약의 경우와 같다. 하나님께서 모세를 중개자로 맺은 약속이 구약舊約이며, 그리스도를 중보자仲保者로 맺은 것이 신약新約이다. 그리스도 예수 안에 있는 사람은 새 언약과 그 약속 아래 살고 있으며, 새 언약을 기록한 것이 신약성경이고, 그 표징表徵은 성찬이다.

유머박사

음담패설淫談悖說 안 하기

음담패설이란 무엇인가? 이것은 문학 작품에 있어서 '예술' 과 '외설' 의 차이처럼 애매모호曖昧模糊 하기도 하고 구분도 잘 안 된다. 그러나 음담패설이란 '성에 관련된 이야기를 너무 노골적으로 까발리거나 천박스럽게 표현' 하는 것을 말하며, 성인 유머 구사에 있어 항상 주의해야 한다.

예를 들면, 모유의 장점 중에 '도둑맞을 염려가 없다' 는 항목이 있는데 이것을 '가끔가다 옆집 아저씨에게 도둑을 맞는다' 라고 한다면 웃기는 이야기는 될 수 있을지는 몰라도 이것은 불륜不倫이기 때문에 음담패설이 되는 것이다. 중요한 이야기다.

🔴 오른쪽의 엽서를 지금 즐겁게 해줄 이에게 엽서로 보내세요.

농 담

곧 무너져 내릴 듯한 위험한 다리를 어느 성도가 건너가고 있었다.
"하나님, 이 다리를 아무 일 없이 건너가게 해 주시면 백만 원을 더 헌금하겠습니다!"

기도 덕으로 무사히 다리를 다 건너가게 될 쯤에 성도는 다시 기도를 했다.
"하나님, 아무래도 백만 원은 너무 많은 것 같습니다. 절반이나 하든지 아니면 그냥 눈감아 주시면 어떠실 지요?"

마침 그 때 다리가 심하게 흔들렸다. 깜짝 놀란 성도는 다급하게 말했다.
"어이쿠, 하나님! 농담으로 한 말인데 뭘 그리 노하십니까?"

소금 언약은 '변하지 않는 언약' 이라는 뜻이다?

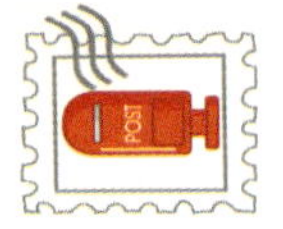

사랑

　세상에는 강한 것 열둘이 있다. 먼저 '돌'이다. 그렇지만 돌은 '쇠'에 의하여 깎인다. 쇠는 '불'에 녹아버린다. 불은 '물'에 꺼져버린다. 물은 '구름' 속으로 흡수된다. 구름은 '바람'에 불려 날린다. 그러나 바람은 '인간'을 쉽게 불어 날릴 수 없다. 하지만 그 인간도 '공포'에 의하여 산산조각으로 부서진다.

　공포는 '술'로 제거된다. 술은 '수면'에 의하여 깨어난다. 그러나 수면도 '죽음'만큼은 강하지 못하다. 하지만 그 죽음마저 '사랑'에는 이길 수 없다.

하나님께서 이 세상에서 단 하나 밖에 없는 물건을 가질 수 있는 기회를 주신다면, 무엇을 갖고 싶으며, 그 물건을 통해 무엇을 추구하고 싶은가?

모세가 하나님께 기도한 후, 지팡이를 들은 손으로 반석을 쳐 물이 나오게 했는데, 반석을 '3번' 쳤다?

× (두 번/ 민20:11)

하나님

성경에서 '하나님'은 '여호와' 다음으로 많이 쓰여졌다. 구약성경에 나오는 '야훼'는 계약적인 이름이고 '엘로힘'은 일반적인 이름인데 '강한' 또는 '앞에 있다' 는 뜻이다. 천지만물을 창조하시고, 그것들을 관리하시고 보존하시되(벧후3:7), 마지막에는 그것들을 심판하실 분이시다(계20:11-15). 따라서 영의 세계와 육의 세계와 물질의 세계를 총괄 지배하시는 분이시다. 시작과 끝이 없으시고(히7:3), 스스로 계시는 분이시다(출3:14). 그러나 인간의 역사와 연관되어질 때는 '알파'와 '오메가' 이시다(계22:13).

유머박사

인신공격 안 하기

말에 의한 상처는 칼에 의한 상처보다 더 깊고 오래간다. 한 번 비수로 꽂히고 나면 무덤까지 갖고 간다.

친구 중에는 이런 친구가 꼭 있다. 유머를 구사한답시고 어떤 한 사람(친구)을 바보로 만들어 주위의 모든 사람들과 함께 낄낄대고 웃는 경우가 종종 있다. 정도가 가벼우면 그냥 넘길 수도 있지만 그렇지 않고 심하면 도마 위에 오른 사람은 평생 지울 수 없는 마음의 큰 상처를 입는다. 이런 식으로 매일 매일 대상을 바꿔가며 보름만 계속한다면, 그 사람은 어느새 독립군이 된 자신을 발견할 것이다. 이러한 인신공격형 유머는 빨리 버려야될 악질 유머이다.

❂ 오른쪽의 엽서를 지금 즐겁게 해줄 이에게 엽서로 보내세요.

동상이몽

일곱 살 난 송이가 아침나절 내내 장난을 치며 소란을 피웠다. 참다못해 화가 난 송이 엄마는 송이의 버릇을 고쳐 줘야겠다는 생각에서,

"네 방에 가 있어! 거기서 네가 오늘 어떤 못된 짓을 했나 생각해 보고 회개기도를 드려!!"
하고 야단을 쳤다.

잠시 후 송이가 부엌에서 일하는 엄마에게 와서 말했다.

"엄마 나 생각도 해보고 기도도 드렸어!"
"그랬니? 그러면 이제 착하게 굴겠구나."
하니까 송이가 으쓱하며 하는 말.

"오해하지 마세요. 하나님께 내가 얌전히 굴도록 해달라고 기도한 게 아니라, 엄마가 좀더 참을 수 있게 해달라고 빌었으니까요!!!"

모세가 하나님께 기도한 후, 지팡이를 들은 손으로 반석을 쳐 물이 나오게 했는데, 반석을 '3번' 쳤다?

당신의 경우는

어느 날 소년이 엄청나게 큰돌을 옮기려고 갖은 애를 다 써 보았지만 그 돌은 꿈쩍도 하지 않았습니다. 마침 그것을 보고 있던 그 소년의 아버지가 말했습니다.

"애야, 너의 모든 힘을 다 동원해 보려무나!" 소년은 다시 있는 힘을 다 사용해 보았지만 여전히 요지부동이었습니다. 아버지가 그에게 물었습니다.

"네 모든 힘을 다 사용하였니?" 소년이 그렇다고 대답했을 때 아버지는 다음과 같이 말했습니다.

"아니다. 너는 네가 쓸 수 있는 모든 힘을 다 사용하지 않았어. 넌 아직까지 나의 도움을 구하지 않았잖아?"

당신은 오늘도 당신이 해결할 수 없는 무거운 인생의 짐들을 스스로 해결해 보겠다고 기를 쓰고 있는 것은 아닙니까?

가장 손쉬운 방법을 외면하고서...

성경구절 중에서 내 인생의 좌표나 좌우명으로 삼는 것이 있다면 어떤 것인가?

유월절에 먹는 떡은 '유교병'이다?

(고린도/약16:3) × ○

대제사장 大祭司長

'레위' 자손 중 하나님께 제사하는 일을 맡은 사람들 중의 우두머리를 말하며 세습제이며 종신직이다. 1년에 한 번 지성소至聖所에 들어가 제사를 지내며, 최고의 종교적 지도자로서 정치권력도 행사하였다. 아울러 국가적 독립을 잃은 유대인에게는 정신적 지주이며, 상징적 존재였다. '히브리서'에는 예수 그리스도는 하나님과 인간과의 중보자仲保者로서 대제사장으로 불리고 있는데, 이는 예수 그리스도께서 세 가지 직능(선지직, 제사장직, 왕직) 가운데 하나인 대제사장의 근원이 됨을 나타내는 것이다.

유머박사

선전 포고 안 하기

영화광고를 보고 영화관에 갔다가 실망하고 나온 경험은 누구나 있다. 영화의 광고에 (예고편이나 카피문구...)에 현혹되어 잔뜩 기대할수록 실망감은 더 커진다. 이것은 돈 버리고 시간 날린 셈이다. 아깝다...

유머를 구사할 때도 마찬가지다. "야! 이리 모여봐, 내가 웃기는 얘기 해 줄께!" 이런 선전포고는 하지 마라. 이 말을 듣고 이야기를 들으려 모인 사람들은 심리적으로 '그래? 니가 얼마나 나를 웃기나 두고 보자!' 하고 유머 감각에 굳은살이 올라 유머의 강도가 떨어진다. 그렇게 되면 웬만한 강도로는 웃길 수 없게 된다. 예고없이 유머가 나와야 큰 효과를 거둘 수 있다.

○ 오른쪽의 엽서를 지금 즐겁게 해줄 이에게 엽서로 보내세요.

퀴 즈

세상에서 가장 억울한 사람은?

소화제 먹고 체한 사람.

그보다 더 억울한 사람은?

교회 옆에 살면서도 구원받지 못한 사람.

유월절에 먹는 떡은 '유교병'이다?

성공을 위한 13가지 조언

① 절제 : 몸이 나른해 질 때까지 먹지 말 것
② 침묵 : 필요 없는 대화는 피할 것
③ 질서 : 물건은 놓아두어야 할 곳에 놓아둘 것, 해야 할 일은 해야 될 때 할 것
④ 결의 : 결심한 것은 틀림없이 실행할 것
⑤ 검소 : 남이나 자신에 대해서 좋은 일을 하는 경우 이외에는 비용을 들이지 말 것
⑥ 근면 : 시간을 헛되이 버리지 말 것
⑦ 성실 : 올바르고 때묻지 않은 생각을 가질 것
⑧ 정의 : 도리에 어긋난 행위나 의무를 게을리 함으로 남을 해치는 일을 하지 말 것
⑨ 온건 : 극단을 피할 것
⑩ 청결 : 몸, 옷, 집의 불결을 용서하지 말 것
⑪ 평온 : 사소한 일이나 우연한 일로 마음의 평정을 흐트러지게 하지 말 것
⑫ 순결 : 정욕에 빠지지 말 것
⑬ 겸손 : 그리스도와 소크라테스를 닮을 것

벤자민 프랭클린은 한 문제만을 가지고 한달 동안 지켜나가는 훈련을 했다. 이것이 그 자신이 소개한 성공의 공식이다.

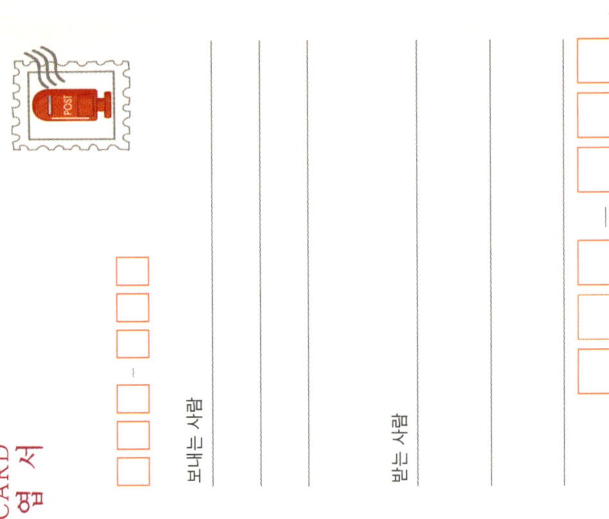

성경의 인물 중, 이 사람이 세상에 많으면 많을수록 세상이 선하고 아름다워진다고 생각하는 인물은 누구인가? 또 반대의 사람은 누구인가?

눈의 아들 여호수아에서 눈은 '보는 눈'이다?

(여호수아 이름의 뜻 /수 1:1) × ⊙

기독교基督教의 교파教派

교파라는 말은 본래 기호명칭(Bezeichnung)을 뜻하는 말로 종교적 견해나 입장에서 같은 신조를 견지하는 사람들의 단체를 말한다. 즉 같은 하나님을 믿으면서도 성경 해석이나 신앙 형태에 따른 견해 차이로 발생한 단체나 집단을 말한다. 이 용어는 18세기부터 사용되었는데, 종파宗派라고도 한다. 신앙의 공동 근거보다도 교리, 신조, 예배, 의식, 신앙생활의 특이성과 차이점을 강조하는 입장과 원리를 뜻하는 것으로서 기독교의 진리나 진수 자체의 차이점을 나타내는 것은 아니다.

유머박사

포트럭 유머

미국에서는 파티가 생활화 되어있다. 그 중에 하나, 집에 남아 있는 음식 재료나 자신이 잘 만드는 음식을 한 가지씩 준비해 함께 모여 파티를 여는 데, 이것을 '포트럭 파티'라고 한다. 10명이 모이면 10가지의 맛있는 음식이 생기는 것이다. 이와 같이 유머도 친구나 동료들끼리 모일 때마다 유머를 한 가지씩 준비해서 모인다면 '포트럭 유머'를 즐길 수 있다. 10명이 모이면 10개의 레퍼토리가 생기게 되고, 10개의 밑천이 되는 것이다. 유머 감각을 키우는데 효과가 크다.

'포트럭 유머'를 할 경우의 주의사항은 상대방이 준비해온 유머에 대해서 절대로 악평을 해서는 안되고, 건전한 비평으로 서로가 도움을 받아야 한다.

❁ 오른쪽의 엽서를 지금 즐겁게 해줄 이에게 엽서로 보내세요.

명분이 중요해

낡은 교회를 수리하기 위해 교인들이 모금을 하고 있었다. 이들은 유대인 가게에도 모금을 위해 찾아왔다. 유대인인 가게 주인은 난처했다. 왜냐하면 모두가 단골 손님이니 모금을 거절할 수도 없고, 그렇다고 교회 수리비를 내는 것도 유대인 율법에 어긋나기 때문이었다. 생각다 못한 유대인이 말했다.

"교회를 수리하려면 먼저 철거를 해야겠지요?"

"그렇고 말고요!"

"그럼 그 철거비용을 제가 부담하겠습니다!"

눈의 아들 여호수아에서 눈은 '보는 눈'이다?

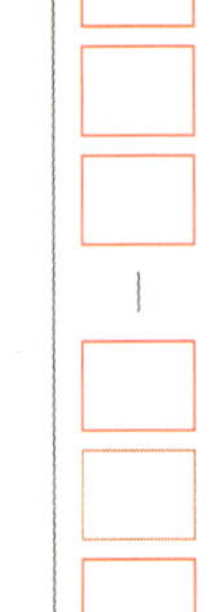

장점들

① 감리교인에게서는 진실한 생활 태도를 배우라

② 침례교인에게서는 신앙간증을 들으라

③ 루터교인에게서는 충성된 교인임을 배우라

④ 성공회교인에게서는 교인의 긍지를 배우라

⑤ 퀘거교인에게서는 청결한 믿음을 배우라

⑥ 유대교인에게서는 종교의 고결함을 배우라

⑦ 장로교인에게서는 기도의 생활을 배우라

⑧ 구세군에게서는 봉사의 생활을 배우라

⑨ 천주교인에게서는 교인의 보편성을 배우라

⑩ 그리고 흑인들에게서는 그 열성을 배우라

이상의 장점들을 다 배우면 얼마나 좋을까?

* OX퀴즈 정답은 보내이에게 물어보세요! [솔로몬 유머] 여서... 중에서...

군입대하는 친구나 자식 또는 애인에게 이 성경구절을 늘 마음에 새기며 힘내라고 말하고 싶은 구절은 어떤 것인가?

여호수아는 가나안에 '12명'의 정탐꾼을 보냈다?

(수2:1) × ✕

사도使徒

그리스어語 '아포스톨로스(apostolos)'에서 유래하는데, '보냄을 받은 자' 또는 '대리자'를 의미하며 예수 그리스도로부터 직접 선택되어 복음福音을 온 세상에 전파하기 위하여 권위를 위임받아 파견된 자 즉, 예수 그리스도께서 친히 세우신 12사도를 말한다(마3:14~19, 눅6:13~16, 행1:13). 그런 의미에서 예수님을 하나님의 사도라고 하며(히3:1, 요17:18) 또한 성도를 교회의 사도라고 불렀다(빌2:25). 예수님을 판 '가룟유다' 대신 '맛디아'가 그 자리를 대신하였다.

유머박사

유머와 안면 근육

사람의 안면 근육은 약 80개가 있다. 이 중 대화를 나눌 땐 15개 정도의 안면근육을 사용하게 되고, 웃을 땐 35개(호탕하게 웃을 때) 정도의 안면근육을 사용하게 된다. 그런데 사람은 나이가 들수록 잘 웃지도 않고, 안면근육을 잘 사용하지 않으려는 경향이 있기 때문에 안면근육이 굳어버려 밥 먹을 땐 자신도 모르게 입가로 국물이 흘러내리고 밥알이 떨어진다. 이와 같은 현상은 안면 근육이 굳어진 현상으로 노화老化와 무관하다. 사람의 근육은 쓰면 쓸수록 탄력이 붙어 유연해지고, 건강한 아름다움을 준다. 웃으며 살아온 얼굴과 무표정 또는 인상을 쓰면서 살아온 얼굴은 한 눈에 알아 볼 수 있는 그 사람의 '이력서'이고 '청구서'이다.

❂ 오른쪽의 엽서를 지금 즐겁게 해줄 이에게 엽서로 보내세요.

그러면 그렇지

인테리어 사업을 하는 박 집사는 다 좋은데 그놈의 도박 때문에 목사님의 속을 태우고 있었다.
부흥 사경회를 마친 다음 날 새벽, 박 집사는 안 나오던 새벽 기도회에 일찍부터 나와 있었다.
목사님은 너무 기뻐 뛰어가서 그의 손을 잡았다.

"이번 부흥 사경회 때 은혜 많이 받으셨군요."

박 집사도 만면에 미소를 지으며 흥분된 목소리로 이렇게 말했다.

"네, 목사님. 주님께서 지난밤에 특별히 은혜를 내려주셨더군요. 어찌나 끗발이 좋던지......!"

여호수아는 가나안에 '12명'의 정탐꾼을 보냈다?

관중과 포숙

옛날, 중국 제 나라에 '관중'과 '포숙'이라는 둘도없이 친한 친구가 있었다. 함께 장사를 해, 관중이 이익을 더 많이 가지면, 포숙은 "그가 집이 가난한 때문이야!"하고 이해하였고, 또 관중이 사업에 실패하고, 과거에도 세 번이나 낙방을 했을 때에도 포숙은, "관중이 때를 잘 못 만난 탓이야. 그의 재능이 아깝다!"하고 아쉬워했다. 관중이 전쟁에 나가 세 번이나 도망쳤을 때에도, "그에게 늙으신 어머니가 계시기 때문이야!"하고 포숙은 끝까지 관중의 인품과 처지를 이해하려 했다.

훗날, 관중은 "세상에 나를 알아주는 사람은 오직 포숙뿐이다!"하였다. 지금도 변함 없는 우정, 뗄 수 없이 가까운 사이를 일컬어, '관포지교管鮑之交'라고 한다.

오래 지킬 수록 빛나는 것이 우정이다!

솔로몬
선 택

성경에서 가장 여자다운 사람과 가장 남자다운 사람으로 각각 누구를 꼽을 수 있을까?

O X
퀴 즈

기생 라합은 두 정탐꾼을 '다락방'에 숨겨 주었다?

(여호수아 2:6) × ❷

성 경
공 부

장章과 절節

성경은 원래 단편적인 두루마리로 만들어졌는데, 오늘날과 같이 장과 절이 구분된 것은 훨씬 후대에 이르러서부터였다. 신약의 '장'은 1240년 '휴고'라는 사람에 의해 나누어졌고 '절'은 1551년에 '스테벤스'라는 사람에 의해 나누어진 것으로 알려져 있다. 그리고 구약의 장은 1300년경 '휴고'가 나누었고 절은 그 후 'R. 네단'이라는 사람에 의해 나누어진 것으로 알려져 있다. 이와 같이 성경의 장과 절은 독자를 위한 편의제공에 그 목적이 있는 것이므로, 사본에 따라 장과 절이 다를 수도 있다.

유머박사

하나님이 준 최고의 선물

하나님이 밤에게 선물을 주셨는데, 어두운 밤하늘을 밝히는 '달과 별'이다. 그래서 사람들의 시선을 모은다.

하나님이 낮에게 선물을 주셨는데, 온 세상을 아름답게 꾸미는 '꽃과 나비'이다. 그래서 사람들의 관심을 끈다.

하나님이 인간에게 선물을 주셨는데, 모든 것을 받아들이는 '사랑과 웃음'이다. 그래서 사랑하는 사람끼리 만나면 웃음꽃이 핀다.

하나님이 인간에게 준 최고의 선물중의 하나인 웃음은 '적'을 '동지'로 만들 수 있고, '분열'을 '화합'으로 바꿀 수 있고, '미움'을 '사랑'으로 녹이는 힘을 갖고 있다.

❷ 오른쪽의 엽서를 지금 즐겁게 해줄 이에게 엽서로 보내세요.

아담과 이브를 본 세사람

영국인과 프랑스인 그리고 북한주민 세 사람이 에덴동산의 아담과 이브에 관한 영화를 보고 있었다.

먼저 영국인이

"쟤들은 분명히 영국인의 원조일거야. 사과가 하나밖에 없는데 이브가 아담에게 먹으라고 주는 걸 보라고."

라고 하자 프랑스인이

"아냐, 벌거벗고 과일을 같이 먹고 있는 것을 보니 프랑스인의 원조임이 분명해."

이에 북한주민이 말했다.

"아닙네다, 쩌 사람들은 북한주민의 원조임이 틀림없습네다. 걸칠 옷도 없고, 먹을 것도 없는데도 파라다이스에 살고 있다고 우겨대는 걸 보시라요."

퀴즈

기생 라합은 두 정탐꾼을 '다락방'에 숨겨 주었다?

POST CARD
우편 엽서

받는사람

보내는사람

부자와 가난한자

구두쇠인 어떤 부자가 가난한 사람에게 "나는 백만 냥의 저축이 있다."고 자랑하자,

가난한 사람이 말했다. "당신은 모르지만 실상 나도 백만 냥의 저축이 있다오."

부자가 깜짝 놀라 "정말인가? 대체 어디다 그 돈을 감춰 놓았는가?"하고 물었더니 가난한 사람은 말했다.

"당신은 돈을 모을 줄만 알지 한 푼도 쓰지않고 있소. 나 역시 당신처럼 돈을 쓰지 않고 있으니, 돈이 있건 없건 마찬가지 아니오?"

전쟁은 왜 일어날까? 또 전쟁을 이 땅에서 영원히 없앨 수 있는 방법을 찾는다면 어떤 것들이 있을까?

여리고 전투는 여호수아 인생에서 '최초의 전투'였다?

O (수4:13)

선지자 先知著

헬라어의 '프로페테스'에서 나온 말로 '말하는 자', '신의 계시의 선포자', '예견자'라는 뜻이다. 대변자로서 활동하는 사람에게 붙여진 선지자는 하나님의 계시로, 닥쳐올 일을 미리 예견해 백성들을 옳은 길로 선도하는 사람을 말한다. 이들이 쓴 것을 '선지서'라고 하는데, 예언서豫言書인 이사야, 예레미야, 에스겔, 다니엘을 '대선지서'라 하고 호세아에서부터 말라기의 12권을 '소선지서'라고 한다. 이는 내용의 경중에 따라 구분한 것이 아니라 비교적 내용이 짧기 때문에 편의상 구분한 것이다.

유머박사

유머와 범죄

철새들이 먼 거리를 날아갈 수 있는 것은, 기류를 이용하는 것이지 날개짓만으로는 도저히 불가능한 것이다. 이 말은 사람이 성공을 하려면 주변환경을 이용할 줄 알아야 하고, 주변 사람들로부터 협조를 받아야 된다는 말이다. 피카소에게 붓이 없다면 말이 안 된다. 현대인에게 유머 감각이 없어도 마찬가지다. 성공을 향해 달리는 사람이 유머 감각이 없다면 성공을 바라고 있다는 자체가 무리다.

실화다. 일본 외상이 미국 의회에서 연설을 마친 후, 미국 기자에게 자신의 연설이 어땠냐고 물었다. 미국 기자는 다음과 같이 말했다. "내가 30분 동안 당신의 연설을 귀 기울여 들었는데 유머가 한 번도 없었습니다. 이건 범죄행위입니다!"

오른쪽의 엽서를 지금 즐겁게 해줄 이에게 엽서로 보내세요.

미녀와 추남

미녀인 아내와 추남인 남편의 대화

아 내 : 우리는 두 사람은 모두 하늘의 복을 받을 거예요.

남 편 : 그랬으면 좋겠지만……

아 내 : 복 받고 말고요.

남 편 : 어째서?

아 내 : 왜냐하면, 당신은 나같은 미인을 아내로 맞았으니 감사할 일이고, 나는 당신같은 추남 남편을 만나 꾹 참고서 살고 있으니, 감사하는 자와 참는 자는 모두 하늘의 축복을 받을 수 있잖아요!

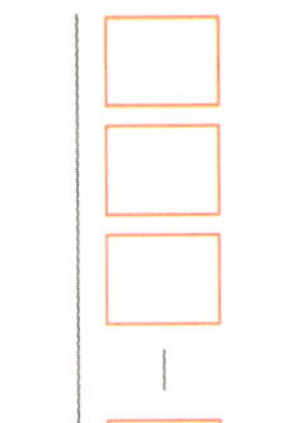

아름다운 전우애

　제1차 세계대전 중 한 번은 연합군은 이탈리아 반도의 '칼리포니라' 라는 항구에 영웅적인 적진 상륙을 하였다. 물론 이 처절한 싸움에서 희생자가 발생하여 많은 부상병들이 생기게 되었다. 그런데 제일 큰 문제는 식수가 떨어진 것이다. 식수는 멀리 아프리카 북쪽에 있었다. 그런데 이 상륙부대 중에 40명의 부상병은 목이 타서 죽을 지경이었다. 하지만 물이라고는 그 부대의 군목이 가진 수통 하나뿐이었다. 이때 군목은 40명의 부상병을 한 줄로 세우고 맨 첫 사람에게 수통을 주면서 "그대 외에도 이 물을 요구하는 전우가 39명이 기다리고 있음을 기억하라!"고 말했다. 처음 군인은 조금만 마시고 다음 군인에게 수통을 넘겨주었다. 이렇게 해서 마지막 군인에게까지 수통이 돌아갔는데 그 중에서 물을 제일 많이 마신 사람은 맨 마지막 40번째의 군인이었다고 한다.

크리스천으로 살아가는데 있어서, 신앙을 위협하는 수많은 것들 중 한가지를 영원히 없애고 싶은 것이 있다면?

이스라엘은 7일 동안 여리고 성을 '매일 7바퀴씩' 돌았다?

× (7일째만/수 6:3~4)

강해설교講解說教

성경의 특정한 구절의 뜻을 성도들의 필요와 환경에 맞게 적용하여 설명함으로써 하나님의 뜻을 깨닫게 하는 설교를 말한다. 강해는 구절이 기록된 당시와 오늘의 환경 사이에서 공통점을 찾아내어 하나님 말씀의 원칙을 현재의 필요에 따라 설명해 주는 것이다. 그러므로 강해설교의 주체는 말씀이지 설교자의 사상과 의도가 본문을 대신해서는 안 된다. 즉 진정한 강해설교는 본문이 설교를 지배하는 것인데, 하나님은 오직 성경을 통해 말씀하며, 설교자들을 통해 그 말씀을 대언 하시기를 원하신다.

유머박사

음담패설은 신중하게

'성년'成年은 사람으로서 지능이나 신체가 완전히 성숙한 나이를 말하고, '미성년' 未成年은 아직 그렇지 못한 사람을 말하는데 법적으론 만 18세를 기준으로 나눈다. 또 '성년'은 성생활을 해도 되는 나이의 사람으로 봐야 하고, '미성년'은 육체적+정신적+사회적으로 아직 성생활을 하면 안되는 사람을 말한다. '성인'에게 있어서 성과 관련된 이야기만큼 관심을 끄는 이야기는 없다. 음담패설淫談悖說은 '성인'들이 즐길 수 있는 성에 관련된 이야기 중, 듣고 나서 왠지 기분이 개운하지 않고 찜찜한 것들이다. 음담패설을 잘못 사용하면 본전도 못 찾는다. 아주 친한 친구나 동료가 아니라면 아예 생각조차 하지 말아야 한다. 왜냐하면 애기를 듣는 동안에는 낄낄대고 웃지만 돌아서면 지저분한 놈이라고 낙인찍히기 때문이다.

❂ 오른쪽의 엽서를 지금 즐겁게 해줄 이에게 엽서로 보내세요.

피장파장

교회가 점점 부흥하여 5부 예배를 드리게 되었다.
5부 예배 후 녹초가 되어 집으로 돌아온 목사님, 꼼짝을 안하고 있는 사모님께 말했다.

"뭐 그리 피곤하다고 그래? 5번 설교한 사람도 있는데."

사모님은 기가 차다는 듯 말했다.

"다섯 번이나 같은 설교를 듣는 사람의 입장을 생각이나 해 봤수!"

이스라엘은 7일 동안 여리고 성을 '매일 7바퀴씩' 돌았다?

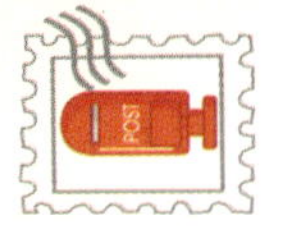

나 하나쯤

　옛날 어느 임금이 온 국민을 불러 놓고 큰 잔치를 열기로 했다. 음식은 왕이 마련하고 참석자는 그저 포도주 한 병씩만 가져오도록 했다. 잔칫날이 왔다. 사람들이 가져온 술은 모두 큰 포도주 통에 모아졌다. 그리고 사람들은 식탁에 앉아 그 포도주를 잔에 따라 마시기 시작했다. 그러나 술 맛은 맹물이었다. 그 이유는 누구나 다 남들은 포도주를 가져올 것이니까, 나 하나쯤은 술대신 물을 가져와도 모르겠거니 했던 것이다. 이 세상에서 가장 무서운 것은 '나 하나쯤은…' 이라는 생각과 '네 탓이오!' 하는 생각이다.

이 세상을 사는 동안 크리스천으로 믿음을 지키는 것 외에, 꼭 지켜야 할 것이 있다면 어떤 것이 있을까?

기드온은 '3만 명'의 군사로 미디안 백만 군대를 이겼다?

○ × (드오기 3대만 명/ 삿7:7)

사사시대士師時代

구약시대의 선지직, 제사장직, 왕직을 겸한 '사사'가 이스라엘 백성을 '출애굽'하여 '가나안'을 정복한 후부터 왕국을 건설할 때까지 백성들을 다스린 기간, 즉 여호수아가 죽은 후부터 사울이 이스라엘 최초의 왕이 될 때까지 12명의 '사사'가 다스린 약 350년 간을 말한다. 이 시대에 이스라엘을 괴롭힌 족속은 메소포타미아족, 가나안족, 미디안족, 암몬족, 블레셋족, 히위족 등이 있었다.

유머박사

예술과 외설

무엇이 예술이고 무엇이 외설인가? 참으로 오랜 역사(?)를 갖고 있는 논쟁거리다. 혹자는 비디오나 영화의 '예술'은 한 번 보면 가슴으로 '찡'한 감동이 오는 것이고, '외설'은 한 번 보면 아랫도리에 '찡'한 감동이 오는 것이라고 한다. 재미있는 이야기다.

몇 가지 더 소개하면,
① 풍경이 많으면 예술, 광경이 많으면 외설.
② 자랑스럽게 말하면 예술, 감추면 외설.
③ 보면서 눈물을 흘리면 예술, 침을 흘리면 외설.
④ 화면이 전체적으로 흐리면 예술, 중요부분만 흐리면 외설.
⑤ 비디오집 주인이 잠자코 있으면 예술, 빨리 갖고 오라고 닦달을 하면 외설.

○ 오른쪽의 엽서를 지금 즐겁게 해줄 이에게 엽서로 보내세요.

지옥으로 가라!

욕심꾸러기인 의류 제조업자 장로가 죽었다.
그는 천국에 가고 싶어했다.
천사가 물었다.
"직업은?"
"의류 제조 회사를 경영했습니다."
"그래? 어째서 너는 자신이 천국에 들어가야 된다고 생각하는가?"
"나는 길거리의 불쌍한 장님에게 백 원을 준 적이 있습니다."
"그뿐인가?"
"아뇨, 물론 또 있어요. 지난주에 산책 나갔다가 구두닦이 소년을 보았습니다.
그는 얼어죽을 것 같았어요. 그래서 나는 또 백 원을 주었습니다!"
천사는 옆에 있는 기록 담당자에게 물었다.
"기록되어 있나?"

기록 담당자는 장부를 뒤적여 그런 사실이 있었음을 확인하여 주었다.
천사는 질문을 계속하였다.
"그밖에는?"
"저, 그게 전부라고 생각합니다만…"
천사가 기록담당자에게 물었다.
"이 사나이를 어떻게 해야 된다고 생각하나?"
그러자 기록 담당자가 대답하였다.
"이 백 원을 돌려주고, '지옥으로 가라!' 고 말씀하십시오!"

기드온은 '3만 명'의 군사로 미디안 백만 군대를 이겼다?

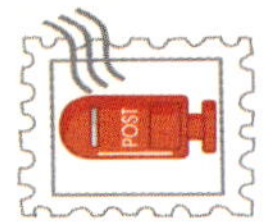

따지지 않는 믿음

복음서에는 예수님께 칭찬 받은 인물이 나온다. 수로보니게 여인, 로마의 백부장 등이다. 그들은 한결같이 이성적으로 조목조목 따져 믿은 것이 아니라, 있는 그대로 믿어 칭찬을 받은 것이다. 이에 대해 위대한 설교가 '스펄전'은 "인간이 하나님 앞에서 할 일은 계산하는 것이 아니라 절대 믿음을 갖는 일이다. 계산은 하나님께서 하신다."라고 말했다.

로마 백부장의 위대한 고백을 상기해 본다.

"다만 말씀으로만 하옵소서. 그러면 내 하인이 낫겠사옵나이다." (마태복음 8:8)

성경 인물 중에서 한 사람을 현재로 데려와 나와 함께 살 수 있다면, 누구를 데려와 함께 어떤 일을 하며 살고 싶은가?

삼손은 '말의 턱뼈' 로 블레셋 사람 천명을 죽였다?

(나귀의 턱뼈 /삿15:15) × ○

탈무드

유대인 율법학자들이 사회의 모든 사상事象에 대하여 구전 또는 해설한 것을 집대성한 책이다. 이 책은 유대교의 율법, 전통적 습관, 축제, 민간전승, 해설 등을 총망라한 유대인의 정신적, 문화적인 유산으로 유대교에서는 '토라(Torah)'라고 하는 '모세의 5경' 다음으로 중요시한다. 팔레스타인에서 나온 것(4세기 말경에 편찬)과 메소포타미아에서 나온 것(6세기경까지의 편찬)의 두 종류가 있는데, 전자는 '팔레스타인 탈무드' 혹은 '예루살렘 탈무드' 라 부르며, 후자는 '바빌로니아 탈무드'라고 부른다.

유머박사

필링(feeling)

유머가 썰렁해 지는 이유 중의 하나는 '필링'이 없기 때문이다. 음악에선 장단, 강약, 고저를 잘 갖추어야 하지만 유머엔 '필링'이 하나 더 더해져야 한다.

예를 든다면 추운 겨울날 눈 속을 헤매다 산장 불빛을 찾아 간신히 목숨을 건진 이야기를 할 때, 온몸을 떠는 듯한 표정과 억양 그리고 약간은 몸서리치는 제스처를 곁들인다면 듣는 사람들은 정말 추운 느낌과 함께 안도의 한숨을 쉬게된다. 이렇게 나의 체험을 듣는 사람들과 함께 느낄 수 있는 교감交感이 이루어질 때 '필링'이 오는 것이다. 비록 주워들은 이야기라 할지라도 마치 자신이 겪었던 일처럼 목소리, 표정, 그리고 동작이 삼위일체가 되어 사실적, 입체적, 천변만화千變萬化적으로 유머를 구사해야 한다. 고급 기능이다.

오른쪽의 엽서를 지금 즐겁게 해줄 이에게 엽서로 보내세요.

훈장의 값

공을 세운 유대인 병사가 러시아 정부로부터 훈장을 받게 되었다. 훈장 대신 100불을 받을 수도 있었다. 유대인 병사가 물었다.

"내가 받게 되는 훈장은 얼마짜리입니까?"

"바보 같은 친구, 훈장이란 명예일 뿐이지 돈으로 환산하면 1불도 안 돼!"

"그러면 훈장과 99불을 받을 수 없을까요?"

삼손은 '말의 턱뼈'로 블레셋 사람 천명을 죽였다?

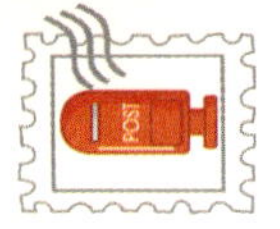

죽을 각오

일본이 한국을 착취하고 있을 때, 한국의 젊은이들이 만주에서 활동하고 있는 독립군을 찾아가서 자기도 독립운동에 투신하겠다고 하면 다음 세 가지를 물어보았다.

① 당신은 총에 맞아 죽을 각오가 되어 있는가?

② 당신은 굶어 죽을 각오가 되어 있는가?

③ 당신은 추위에 얼어죽을 각오가 되어 있는가?

이 질문은 예수님께서 우리에게 묻는 것이기도 하다.

POST CARD
우편엽서

받는사람

보내는사람

<table>
<tr><td>

**솔로몬
선 택**

나의 인생여정을 마친 후, 묘비에 새겨질 비문을 작성하려고 한다. 꼭 새겨 넣고싶은 말은?

**O X
퀴 즈**

삼손의 힘의 근원은 '머리털 일곱 가닥'에 있었다?

(삿16:19) O

**성 경
공 부**

아마겟돈Armageddon

　성경에 한 번나오는 말로(계16:16) 히브리어 '므깃도(Megiddo)의 언덕'에서 유래된 것으로 보이며 영어식 표현이 '아마겟돈'인데, 과거 '므깃도의 언덕'에서는 많은 전쟁이 있었다. '아마겟돈'은 종말적인 선과 악의 마지막 전쟁터로, 세계 역사의 종말에 악을 상징하는 마귀 측의 동쪽 왕들과 선을 상징하는 하나님의 세력간의 결전장으로서 악의 세력이 최종적으로 패배를 하는 장소이다.

유머박사

사투리

　어느 특정 지방에서만 쓰이는 말을 사투리라 하고, 그 사투리가 심하면 도저히 무슨 말을 하고 있는지 알 수가 없다. 이 말은 각 지방 사람이 경험하고 느끼고 체험한 이야기들을 사투리에 담아 표현할 때, 그 지방의 말을 이해하지 못하면 절대로 제 맛을 느낄 수 없다는 말이다. 따라서 사투리를 구사하게 될 땐 그 지방의 사투리를 반복적인 훈련을 통해 능숙하게 구사할 수 있어야 강도를 높일 수 있다는 얘기다. 반면 사투리가 능숙하지 못하면 진짜 재미있는 유머도 썰렁해 진다. 또 같은 단어라 할지라도 사투리의 억양에 따라 맛이 전혀 달라진다. 좋은 유머를 위해 사투리 연습은 해야 한다.

　반드시……

</td><td>

즉효약

기차 여행 중이던 유대인이 소금에 절인 청어를 먹다가 남은 청어머리를 종이에 싸고 있었다. 곁에 있던 폴란드인이 끼어들었다.

"우리도 늘 청어를 즐겨 먹지만, 무엇보다도 청어머리를 먹으면 머리가 좋아진다고 하더군요!"

유대인이 웃으며 말하였다.

"그렇다면 이 청어 머리를 사시죠?"

쌍방 간에 흥정이 이루어져 폴란드인은 유대인이 먹다 남긴 청어머리 5개를 5불 주고 샀다. 먹기 힘든 5마리의 청어머리를 다 골라먹고 난 폴란드인은 짜증스럽게 말하였다.

"당신은 정말 지독한 사람이군, 5불이면 싱싱한 청어를 5마리를 사고도 돈이 남을 것이오!"

유대인이 대답했다.

"그것 보시오! 당신은 벌써 머리가 좋아지지 않았소?"

 퀴즈

삼손의 힘의 근원은 '머리털 일곱 가닥'에 있었다?

</td></tr>
</table>

1330번의 스트라이크 아웃!

메이저 리그에서 714개의 홈런을 친 홈런왕 '베이브 루스'가 스트라이크 아웃을 당한 기록은 얼마일까? 무려 1330번이라고 한다. 우리는 그의 홈런 기록만을 본다. 그러나 그러한 홈런도 1330번의 스트라이크 아웃의 고배와 함께 가능했던 것이다. 즉 아웃이 있었기에 가능했던 것이다. 베드로도 예수님을 세 번이나 부인하고서야 비로소 그 사랑을 진심으로 느끼지 않았을까?

나의 미래 중, 어느 하루만 미리 알 수 있는 쿠폰이 있다. 어느 날을 알기 위해 사용할 건가?

사사시대가 끝나고 이스라엘 최초의 왕은 '사울' 이다?

(6유.류) ○

번제 燔祭

구약시대의 가장 일반적인 제사법의 하나로 '희생犧牲'의 제물을 제단 위에서 불로 태워 그 연기냄새가 하늘로 올라가게 하는 공희供犧의 방법이다. 동물을 통째로 굽는다는 뜻에서 전번제全燔祭라고도 불리는데(시 51:19) 하나님에 대한 봉헌자奉獻者의 모든 헌신을 상징하는 동시에 속량贖良의 의미도 포함되어 있었다. '희생'의 대상이 되는 동물은 흠이 없는 수컷에만 한하여 소, 양, 염소 등을 드렸는데 형편에 따라 산비둘기나 집비둘기 등을 '희생'으로 바치기도 하였다(레 5:7).

유머박사

우기기

유머 구사시 우기면 곤란하다? 아니다. 재미있다. 웃음은 자연스럽게 만들어지기도 하지만, 어이없는 곳에서 엉뚱하게 만들어지기도 한다.

한 토크쇼에서, MC가 박찬호 선수의 어머니께 태몽胎夢을 물었을 때 '학鶴'이라고 대답했다. 이 대답을 들은 MC는 "그럴 줄 알았다!"고 맞장구를 쳤고, 이에 박찬호 선수의 어머니는 의아한 표정을 지으며 "어떻게 알았냐?"고 묻자, MC는 말했다. "박찬호 선수가 공을 던지다 숨이 차면 '학!' '학!' 거리더라구요…"

우겼기 때문에 썰렁할 수도 있지만, 우겼기 때문에 재미도 있었다. 유머를 밥먹듯이 생활화 된 상황을 만든다면, 어떤 소재로든 부담 없는 웃음을 만들고 나눌 수 있다.

오른쪽의 엽서를 지금 즐겁게 해줄 이에게 엽서로 보내세요.

하와를 나중에 만든 이유

어느 신학대학에 똑똑하기로 유명한 여학생이 있었다. 학교 내에서 교수나 학생들 중 이 여학생을 모르는 사람이 없을 정도였다. 하루는 교수님 한 분이 강의를 하기 전에 여학생에게 질문을 하였다.

"하나님께서 왜 아담을 먼저 만드시고 하와를 나중에 만드셨을까?"

여학생은 잠시 아무 말도 하지 않더니 이렇게 대답했다.

"교수님! 무엇이든지 처음 만들 때는 서툴잖아요. 그래서 아담을 먼저 만들고 다음에 하와를 아름답게 만든 거예요. 아담이 하와를 보고 홀딱 반했던 것만 보아도 알 수 있거든요. 그러나 하와는 아담을 보고 아무 말도 하지 않았거든요."

사사시대가 끝나고 이스라엘 최초의 왕은 '사울' 이다?

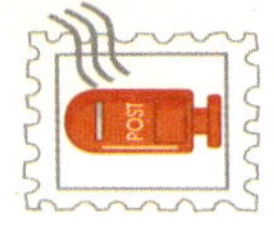

POST CARD
우편엽서

보내는 사람

받는 사람

*OX퀴즈 정답은 보내이에게 물어보세요! [솔로몬 유머] 중에서...

지혜로운 아내는

① 감정의 노예가 되지 않습니다.

② 자기 자신에게는 엄격합니다.

③ 매일 아침 희망을 품고 미소 띤 얼굴로 하루를 시작합니다.

④ 남편이 흥분했을 때, 결코 같이 맞서지 않습니다.

⑤ 남편을 탓하기 전에 자신을 먼저 탓합니다.

⑥ 남편이 늦게 돌아오면 불을 켜고 기다립니다.

⑦ 남편이 손님을 데리고 왔을 때 위신을 세워 줍니다.

⑧ 잘 사는 이웃을 부러워하지 않습니다.

⑨ 남편의 실수에 대한 충고를 아무 때나 하지 않습니다.

⑩ 가족들과 이웃의 행복을 위해 기도합니다.

하나님으로부터 특별한 초능력의 달란트를 한 가지 받을 수 있다면, 어떤 능력이었으면 좋겠는가?

성소 안에 지성소를 만든 이유는 '여호와의 언약궤'를 두기 위해서였다? (출9:6:19) ○

랍비

'나의 선생님' '나의 주인님'(요9:2)이라는 뜻의 히브리어로, 유대교의 율법교사에 대한 경칭이다. 이 용어는 1세기에 이르러 보편화되었고, 이후 유대교의 지도자 제도로 정착되었다. 랍비가 될 사람은 구약성경과 탈무드에 대한 연구과정을 거쳐야 했고, 현대의 랍비 교육과정에는 다양하고 총체적인 지도력 배양을 위한 과목들이 포함되어 있다. 14세기 경부터 직책수행에 차질을 빚지 않도록 봉급이 지급되었지만, 일부 랍비들은 생계를 위한 직업을 가지면서 시간제 봉사직을 수행하기도 한다.

유머박사

어휘력

많은 사람들의 시선을 받고, 설득을 잘 하는 사람들의 공통점은 어휘력이 좋다는 것이다. 유머에 있어서도 어휘력이 좋은 사람이 그렇지 않은 사람보다 시선을 더 받고, 호기심을 더 자극해 시선집중을 시킨다. 어휘력이 떨어져서 '거시기' '왜 있잖아?' '그러니까...' 등을 연발하는 사람과 대화를 하다보면 상대방의 의사를 정확히 알아내기가 어렵고 오해를 불러오기도 한다. 유머를 구사하는 사람이 어휘력이 달릴 경우 유머의 강도와 느낌은 반감된다. 어휘력을 키우기 위해선 시, 소설 등 문학작품을 정독하거나 사전을 많이 찾아보는 방법 등을 통해서 향상시킬 수 있다. 정확한 표현과 감성이 풍부한 내용은 모든 사람에게 호감을 주고 유머의 강도와 성공률도 높여준다. 어휘력을 키우자!!!

오른쪽의 엽서를 지금 즐겁게 해줄 이에게 엽서로 보내세요.

하나님이 취하실 몫

유대교의 랍비, 카톨릭의 신부, 기독교의 목사가 헌금의 분배 방법에 대해서 이야기를 나누고 있었다.

먼저 목사가 설명했다. 그는 땅 위에 동그라미를 그리고 헌금을 공중으로 날려, 동그라미 속에 떨어진 것은 하나님 몫으로, 동그라미 밖으로 나간 것은 자기와 교회의 몫으로 삼고 있다고 말했다.

신부도 비슷한 방법으로 하고 있다고 말했다. 다만, 다른 것은 동그라미 대신 땅위에 직선을 그어 오른쪽 편에 떨어지는 것은 하나님 몫이고 왼쪽 편에 떨어지는 것은 자신과 교회의 몫으로 쓰고 있다는 것이다.

랍비도 그 방법은 다소 다르지만, 자기도 비슷한 방법이라고 설명했다.

"나는 헌금을 담은 쟁시를 공중에 높이 집어 던집니다."라고 랍비는 말했다.

이어서,

"그러면 하나님께서 그 때 필요한 돈을 가져가시고 난 후, 떨어지는 것을 주워 모아 쓰지요!"

성소 안에 지성소를 만든 이유는 '여호와의 언약궤'를 두기 위해서였다?

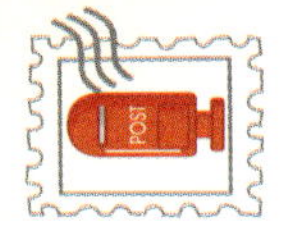

하나님이 맡기신 보석

어떤 '랍비'가 안식일에 예배당에서 설교를 하고 있을 때, 갑자기 그의 두 아이가 집에서 죽고 말았다. 아내는 아이들의 시체를 이층으로 옮긴 뒤 흰 천으로 덮어 주었다.

마침내 '랍비'가 집에 돌아오자. 아내는 "당신에게 묻고 싶은 것이 있어요. 어떤 사람이 저에게 귀중한 보석을 잘 보관해 달라고 맡기고 갔는데, 어느 날 갑자기 그 주인이 나타나 맡긴 보석을 돌려 달라고 했어요. 그럴 때 어떻게 하면 좋을까요?"라고 물었다. 그러자 '랍비'는 어렵지 않다는 듯이 "말할 것도 없이 맡은 보석은 주인에게 돌려주어야 되겠지." 그때 아내가 울먹이며 말했다.

"실은 조금 전에 하나님이 우리에게 맡기셨던 귀중한 보석 두 개를 찾아 가지고 하늘로 돌아갔어요."

'랍비'는 아내의 말을 알아듣고 아무 말도 하지 않았다.

당신에게 천국을 설계하는 일이 주어진다면, 당신은 천국을 어떤 곳으로 만들고 싶나?

솔로몬은 '7년 동안' 성전건축을 하였다?

(정답은 왕상6:38) ○

예배당禮拜堂의 물건物件①

예배당 또는 교회당의 물건은 '성물聖物'이 아니다. 예배당 치장에 사용된 각종 건축자제들은 기업에서 돈을 벌기 위해 만든 제품으로서, 성도들이 사는 주택을 꾸민 것이나 다를 바가 없다. 따라서 예배당의 물건을 '성물'로 믿는 사람들은 큰 오류를 범하고 있는 것이다. 왜냐하면 기독교의 '성물'은 예수 그리스도의 보혈寶血밖에 없기 때문이다(히 9:14, 10:29).

유머박사

웃고 죽은 돼지

'웃는 낯에 침 못 뱉는다!', '웃으면 젊어진다!'는 옛말이 있듯이 웃는 얼굴 앞에선 모든 어려움이 사라진다.

재래시장에 가서 고사용 돼지 머리를 사려고 해도 웃고 죽은 돼지가 5,000원이 더 비싸다. 더군다나 이 값은 깎지도 않는다. 왜? 재수 옴붙을 까봐……

죽은 돼지도 웃고 있으면 5,000원 더 비싸지는데, 사람의 얼굴에 웃음을 띤다면 얼마나 더 값을 쳐줄까?

현대는 셀프 트레이닝시대이다. 자기 몸 값은 자신이 올리는 것이지 옆 사람이 올려주는 것이 아니다. 미소짓는 얼굴만으로도 몸 값은 올라간다.

◑ 오른쪽의 엽서를 지금 즐겁게 해줄 이에게 엽서로 보내세요.

고집 센 아내

도시에 살고 있는 한 부부가 한 작품을 놓고 '셰익스피어냐?' '베니컨이냐?'로 다투고 있었다.

아내는 확실히 셰익스피어의 작품이라고 고집하고, 남편은 베니컨의 작품이라고 우겨대며 한 발자국도 양보하지 않았다.

아 내 : 내가 천국에 가거든 셰익스피어를 만나 진실을 해명해 보이겠어요.

남 편 : 하지만 천국에 셰익스피어가 없으면 어떻게 하구?

그러자 아내는 기다렸다는 듯이 말했다.

"그 때는 당신이 물어 보시구려."

솔로몬은 '7년 동안' 성전건축을 하였다?

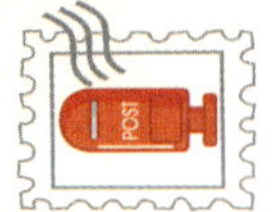

벽돌공의 자세

지혜의 임금인 솔로몬이 하루는 성전 건축현장을 방문하고 일꾼들을 돌아보았다. "왜 당신은 여기서 일을 합니까?"

한 일꾼이 대답을 했다. "이럭저럭 살아가려니 죽지 못해서 하고 있지요."

얼마쯤 가다가 다른 일꾼에게 똑같이 물었다. 그 일꾼은 "배운 도둑질이 이것뿐이니 놀고 먹을 수가 있나요, 그럭저럭 한 세월 보내는 것이죠!"

왕은 얼마쯤 가다가 헤진 옷을 입고 일하는 청년에게 같은 질문을 했다. 청년이 대답했다.

"왜 여기서 일을 하냐고요? 정말 난 기뻐서 죽을 지경이에요. 자, 보세요 나는 지금 하늘나라의 영광을 이 땅위에 드러내는 성전을 위해 바로 이 손으로 벽돌을 쌓고 있지 않나요? 저는 벽돌을 쌓고 있는 것이 아니라 대성전을 짓고 있습니다!"

벽돌 한 장은 이 위대한 성전의 아주 작은 부분이지만, 큰 일을 이룬다는 소명을 가지고 일하는 자와 그렇지 못한 자의 엄청난 차이를 나타내는 것이다.

천국 갈 때, 한사람을 선택하여 함께 갈 수 있다면 누구와 함께 가고 싶은가?

'엘리사' 는 죽음을 경험하지 않고 승천하였다?

(엘리야 승천 / 왕하 2:11) × ○

예배당禮拜堂의 물건物件②

예배당의 물건이 '성물聖物' 이 아니라고 해서 마구 사용해도 된다는 것은 아니다. 왜냐하면, 하나님께 드린 성도들의 정성어린 헌금으로 구입한 모든 기구와 시설들은 그만큼 소중하게 사용되고 짜임새 있게 쓰여져야 하기 때문이다. 그러나 어느 사람의 고의성이 없는 부주의로 예산이 낭비되었거나, 물건들이 파손되었거나, 아이들이 강단에 올라갔다고 해서 저주를 받는 것은 결코 아니다.

유머박사

더 강한 유머 안 하기

우리는 가끔 상대가 유머를 구사하면, 기꺼이 웃어주기는커녕 더 강한 유머를 날리면서 시선을 자신에게로 쏠리게 하고, 먼저 유머를 구사한 사람을 무안하게 만들기도 한다. 이러한 언행은, 그렇게 함으로써 자신의 존재가 돋보이고 유머 감각이 뛰어난 사람으로 알리고 싶은 어리석음 때문이다. 예를 들면 '모유의 장점' 에서, '경제적이다' '온도가 일정하다' '휴대가 간편하다'… 여기에서 누군가 더 강하게 치고 나온다. '빨대가 필요 없다' '한쪽을 다 먹어도 한쪽에 스페어가 남아있다' '뒤로 자빠져도 쏟아지지 않는다'… 그러나 이런 행동은 유머의 에티켓을 무시한 것이다. 더 강한 유머로 맞선다면 방금 전에 말한 사람을 짱구(?)로 만들어 버리는 결과를 갖고 온다. 조심해야 할 일이다. 기꺼이 웃어줘라!

◆ 오른쪽의 엽서를 지금 즐겁게 해줄 이에게 엽서로 보내세요.

일단챙기고

목사가 교인들에게 물었다.

"여러분 중에 혹시 자신의 결점을 위해 함께 기도하기를 원하시는 분 있습니까? 그런 분에 계시면 힘을 모아 함께 기도 드리겠습니다."

어떤 남자가 대답했다.

"저는 돈을 너무 낭비하는 버릇이 있습니다. 산더미 같은 돈을 주위에 막 뿌리거든요."

그러자 목사가 끄덕이며 말했다.

"네. 알겠습니다. 헌금 바구니가 지나간 후에 우리 모두 저 형제를 위해 기도합시다!"

'엘리사' 는 죽음을 경험하지 않고 승천하였다?

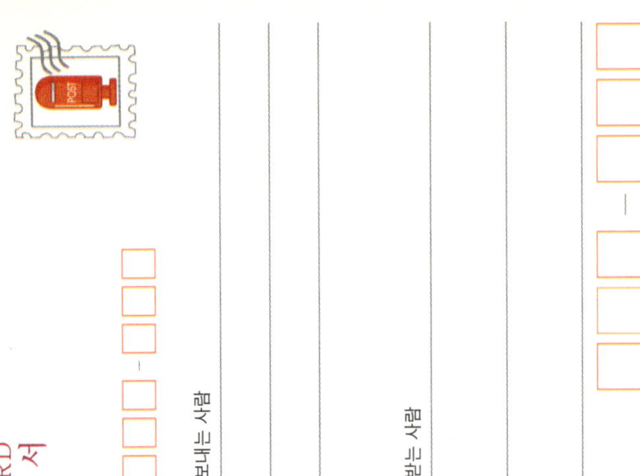

마지막 한마디

　1883년 3월 14일 칼 마르크스가 사망하던 날, 그의 하녀가 다가와서는 "저에게 당신의 마지막 말을 남기시면, 제가 기록해 두겠습니다"라고 말했다. 그러자 마르크스는 "시끄러워, 나가!"라고 소리치며 죽어갔다. 나폴레옹은 "나는 불행했다. 프랑스, 군대, 조세핀…"이라며 초라하게 숨졌다. 장개석은 "영웅이란 용감하게 실패하는 자이다. 그러나 희망은 …" 라며 대륙수복의 한을 남겼다. 베토벤은 "친구여, 박수를… 희극은 끝났다!"며 인생의 허무를 노래하는 듯했다. 괴테의 파우스트는 "살려달라!"는 비명과 함께 죽어갔고, 괴테 자신도 "창문을 열어다오! 빛을…"이라고 어둠을 저주하며 죽어갔다.

　찰스 스펄전은 "주님은 날 위해 돌아가셨다!"며 마지막 순간을 맞았다. 요한 웨슬리는 "이 세상에서 가장 좋은 것은 하나님께서 우리와 함께 계심이라!"고 했다. 교황 요한은 "내 짐을 다 쌌다!"며 삶의 완결을 자신 있게 긍정적으로 맞았다. 예수 그리스도는 십자가에서의 마지막 순간에 유명한 일곱 마디의 말씀을 통해 33년의 생애를 "다 이루었다!"고 자신 있게 평가하고 영혼을 하나님께 부탁했다. 당신은…?

병을 고칠 수 있는 능력과 가난한 사람이 무료로 의료서비스를 받게 할 수 있는 재산 능력과의 공통점과 차이점은 무엇이라고 생각하나?

나아만 장군은 요단 강에서 '3번' 목욕하였다?

(왕하5:14) × ⓧ

나병癩病

'한센병'(Hansen's disease)이라고도 하며, 1871년 노르웨이의 A.G.H.한센이 환자의 '나결절'의 조직에서 결핵균 비슷한 세균이 모여 있는 것을 발견하여 붙여진 이름이다. 치료가 불가능했던 시대에는 문둥병 또는 천형병天刑病이라고도 하였고 현대의 학술적 분야에서는 '나병'으로 하되 사회적 분야에서는 '한센병'이라고 통칭한다. 그러나 성경에서의 '나병'은 현대의학에서 말하는 나병 즉 '한센병'이 아니라 잘 낫지 않는 피부병을 총칭하는데 이러한 것들은 율법에 의해 더러운 병으로 취급되었다.

유머박사

삼행시 짓기

유머 감각을 키우는 데 있어서 삼행시를 짓는 연습은 매우 효과적인 훈련 방법이다. 자신의 이름과 가족의 이름, 학교와 사는 동네나 주변 단체명 또는 시사성이 있는 것 등 어떤 것이라도 좋다. 삼행시를 짓는 한 방법으로 공통점을 물고늘어지거나, 막판에 뒤집어 놓는 것을 예로 든다면,

원 두 막(공통점)

원 : 원숭이 엉덩이는 빨개!

두 : 두 쪽 다 빨개!!

막 : 막 빨개!!!

황 선 홍(막판 뒤집기)

황 : 황선홍 대한민국 축구 국가 대표 선수!

선 : 선진 축구 기술을 구사하는 대한의 건아!!

홍 : 홍명보 만세!!!

ⓞ 오른쪽의 엽서를 지금 즐겁게 해줄 이에게 엽서로 보내세요.

어떤 고백

어떤 남자가 랍비한테 찾아와서 죄를 고백하였다. 고백은 오래 계속되었다. 그는 성경에 기재되어 있는 모든 죄를 범한 것이었다. 말하자면 도둑질, 간통, 강간, 살인, 사기 등등...

"저는 모든 죄를 범했습니다. 세계에서 나만큼 성경에 기재된 모든 죄를 범한 인간은 아마 없을 것입니다."
라고 고백을 끝낸 남자는 후회하는 빛이 있었지만, 목소리는 풀이 죽지 않았다.

"그런데 하나가 부족하군."하고 랍비가 말했다.

그러자 그 남자는 승복할 수 없다는 듯이 고개를 저으며,

"부족하다고요?"

"그래! 아직 자살은 하지 않았잖아?!"

나아만 장군은 요단 강에서 '3번' 목욕하였다?

미국의 7대 재벌의 최후

　1923년 미국의 대 재벌 일곱 명이 시카고의 '에즈워터 비치호텔'에 모였다. 그들의 부는 모두 합하면 미국의 국고보다 더 많았다. 수 년동안 신문, 잡지에서는 젊은이들에게 그들을 본받으라며 들먹거리곤 했다. 그로부터 25년 후 그들의 처지를 조사해본 결과 미국에서 가장 큰 철강회사 사장 '찰스 스랩'은 죽을 때 알거지였고, 백만장자밀수업자 '아더 쿠텐'도 알거지가 되어 낙망과 좌절 중에 죽어갔고, 뉴욕 증권거래소 사장 '리챠드 휘티니'는 오래도록 감옥생활을 했고, 대통령 각료를 지낸 '알버트 폴'은 옥중에 있다가 겨우 사면으로 집에서 운명할 수 있는 특혜를 받았고, 월 스트리트 증권가의 가장 큰 거물 '젯시 리버모어'와 국제개발은행장 '레온 프레이저'는 자살하였으며, 세계에서 가장 큰 전매업자 '이반 크루겔'도 스스로 자기의 목숨을 끊었다 한다. 그 거성들이 다 땅에 떨어져 깨어졌을 뿐만 아니라 그 거성들이 모였던 시카고의 그 호텔조차 흔적도 없이 사라져 버렸다.

사람의 마음을 움직일 수 있는 힘이 있다면, 누구의 마음을 변화시켜 예수님을 믿게 하는 것이 인류 평화를 위해 가장 좋다고 생각되는가?

히스기야의 병이 회복되리라는 증거로 해 그림자가 '십도' 물러갔다?

○ (왕하 20:11)

금식禁食

일정 기간 동안 종교, 수행修行 또는 의료의 목적으로 모든 음식섭취를 끊는 것을 말한다. 구약에서는 진정한 회개의 표시로 행하는 경우가 많았는데, 중요한 것은 음식을 먹지 않는 육체의 고통이 아니라 마음으로 회개하는 것이다. 인류를 구원하기 위해 고난을 받고 돌아가신 예수 그리스도를 생각하며 죄와 욕정의 사슬을 끊고, 자신을 온전히 그리스도에게 바치기 위해 음식물을 제한하고 그것을 지키는 행위이다. 그러나 금식 자체에 신앙의 의미가 있는 것이 아니라 기도에 의미가 있다.

유머박사

복사해서 창조하기

개그맨 흉내를 내다가 개그맨이 된 사람이 있고, 가수 흉내를 내다가 가수가 된 사람이 있고, 배우 흉내를 내다가 실제로 배우가 된 사람이 있다. 열심히 모방하다 보면, 오히려 더 잘 할 수 있게 된다. 유머 감각도 마찬가지다. 유머 감각이 뛰어난 사람을 흉내내거나 똑같이 따라하다 보면 자신만의 독특한 유머 감각을 개발하게 된다. 유머는 만들어져 있는 것이 아니라 만들어가는 것이다.

영국의 어느 마을, 수줍음과 대인 공포증을 극복하고 유명해진 '찰리 채플린 흉내내기 대회!'가 열렸다. 이 곳을 지나던 찰리 채플린은 반가움과 호기심에 본인이 직접 참가했다. 결과는 찰리 채플린이 3등을 했다. 원조 찰리 채플린의 참패였던 것이다.

오른쪽의 엽서를 지금 즐겁게 해줄 이에게 엽서로 보내세요.

한방에 끝

깜찍이는 아버지의 식사기도가 너무도 길어서 항상 그 문제로 시무룩해 있었다. 어느 날 어머니가 김장을 담가 배추를 김장 독에 넣는 것을 보면서 아버지에게 말했다.

"아빠! 이 독에다 대고 한 번만 식사기도를 올려주세요. 그러면 이번 겨울에는 상당한 시간이 절약이 될 테니까요!"

히스기야의 병이 회복되리라는 증거로 해 그림자가 '십도' 물러갔다?

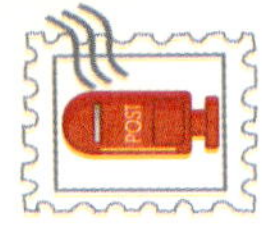

끈질긴 기도

유명했던 권투선수인 '조 프레이저'는 1964년 동경 올림픽에서 금메달을 땄습니다. 그런데 당시 준결승에서 오른손 손가락이 하나 부러졌습니다. 그는 호텔에 돌아와 부러진 손가락을 붙잡고 밤새도록 하나님 앞에 기도를 했습니다. 그 다음날 그는 아픈 손에 글러브를 끼고 열심히 싸워 상대방을 눕혀 KO 승을 거두었습니다. 승리 후, 그는 다음과 같이 고백했습니다. "내가 금메달을 딴것은 내 목표를 세워 놓고 끈질기게 기도했기 때문입니다." 나중에 그는 은퇴하고 훌륭한 전도사가 되어 여러 나라를 다니며 복음을 전했습니다. 살다보면 때로 어렵고 힘든 문제를 만나게 됩니다. 이 상황 가운데 가장 정확하고 확실한 문제 해결의 방법은 끈질기게 간구하는 기도 뿐입니다.

하나님께서 나의 한 가지 소원을 들어주신다면, 어떤 소원을 들어달라고 할건가?

하나님께서 이스라엘 백성을 광야에서 돌보신 기간은 정확히 '40년'이다?

(느9:21) O

예수 그리스도

'예수'라는 이름은 히브리어로 '하나님(야훼)은 구원해 주신다'라는 뜻이고, 그리스도는 '기름부음을 받은 자' 즉 '구세주'를 의미한다. '예수 그리스도는 어떤 사람인가?'라는 물음은, 예수님의 탄생이래 오늘날까지 끊임없이 제기되고 있는 물음인데 크리스천에게 있어서 예수 그리스도는 '살아 계신 하나님의 아들'이다(마16:16).

유머박사

반대말 반죽하기

반대말을 반죽하면 유머가 된다. 반대말을 반죽할 땐 단답형도 좋지만, 다양하고 폭넓고 다채롭게 해야 더 좋다.
단답형의 예를 들면, '너의 불행은 나의 행복이야!', '불행 끝! 행복 시작!', '여자의 치마가 짧아지면 남자의 시선은 길어진다!', '지갑이 가벼우면 마음은 무거워 진다!' …
산토끼의 반대말로 예를 들면,
'집 토끼' '죽은 토끼' '판 토끼' '알칼리 토끼' '강 토끼' '산 거북이' '죽은 거북이' '판 거북이' '알칼리 거북이' … '끼토산'
유머 감각을 키우는데 있어서 고정관념을 버리는 것은 정상으로 올라가는 지름길이다.

◆ 오른쪽의 엽서를 지금 즐겁게 해줄 이에게 엽서로 보내세요.

장 난

교회 지붕을 수리하고 있던 영구는 아래서 사람들의 기도소리가 들리자 장난을 치고 싶은 생각이 들어 지붕 위의 구멍에 대고 말했다.

"나는 예수님이다. 너의 소원을 다 들었노라!"

기도하던 한 여인은 깜짝 놀라 뛸 듯이 기뻐하며 돌아갔다. 영구는 다음에 온 노파에게도 같은 말을 되풀이했으나 노파는 아무런 반응도 보이지 않았다.

"나는 예수님이다. 너의 소원을 다 들었다고 하지 않았는가?"

그러자 노파가 대꾸했다.

"좋아요. 나는 당신 어머니에게 할 말이 있어요. 그분은 지금 어디에 있습니까? 진짜 당신의 아버지를 솔직히 말해달라고 할거요!"

하나님께서 이스라엘 백성을 광야에서 돌보신 기간은 정확히 '40년'이다?

남자의 생애

'탈무드'에서는 남자의 생애를 일곱 단계로 나누었다.

① 한 살은 **임금**/ 모든 사람들이 임금님을 모시듯이 달래거나 얼러서 비위를 맞추어 준다.

② 두 살은 **돼지**/ 진흙탕 속을 마구 뒹군다.

③ 열 살은 새끼 **양**/ 웃고 떠들고 마음껏 뛰어다닌다.

④ 열 여덟 살은 **말**/ 다 자랐기 때문에 자기 힘을 자랑하고 싶어한다.

⑤ 결혼하면 **당나귀**/ 가정이라는 무거운 짐을 지고 힘겹게 끌고 가야 한다.

⑥ 중년은 **개**/ 가족을 먹여 살리기 위하여 사람들의 호의를 개처럼 구걸한다.

⑦ 노년은 **원숭이**/ 어린아이와 똑같지만 아무도 관심을 가져주지 않는다.

새 신자에게 '이것만은 꼭 알아야 한다!'고 말하고 싶은 내용은 어떤 것이 있을까?

성경에는 '하나님이 없다'는 구절도 있다?

(시10:4) O

이단異端

어떤 종교집단의 내부에서 정통正統교리에서 크게 벗어나는 주장에 대하여 정통파에서 부르는 배타적 호칭으로, 다른 종교나 종파를 가리키는 '이교'異敎와는 의미가 다르다. 이단의 특징은 성경의 말씀을 자기들의 마음대로 가감하거나 아니면 자기의 체험을 성경과 동일시한다. 그리고 성경의 일부분만을 강조하여, 결국은 성경의 다른 부분을 하나님의 말씀이 아닌 것처럼 만들어버린다.

유머박사

풍자하기와 공통점 찾기

비리非理나 부정不正한 것을 보고 날카롭게 비판批判하면서 대리 만족을 얻는 것을 '풍자'諷刺 또는 '패러디'라 한다. 이 것은 주로 정치적인 것이 대부분이다. 유머에 있어서의 풍자는 시사하는 의미도 크고 성인들이 즐기는 단골 메뉴다. 풍자를 하기 위해선 항시 시사에 밝아야 하고, 경제가 돌아가는 것에 관심을 두어야 한다.

예를 들면, 정치인과 정자의 공통점은?
① 수가 무지 많다.
② 고만고만한 것들끼리 모여 '쌩쑈!'를 하고 있다.
③ 둘 다 인간이 될 확률이 극히 어렵다.

◐ 오른쪽의 엽서를 지금 즐겁게 해줄 이에게 엽서로 보내세요.

아내의 쪽지

난폭과 과속운전을 상습적으로 하는 남편에게 아내는 운전석 앞에 이런 메모를 해 놓았다.

사랑하는 당신에게...
운전을 하실 때 찬송을 부르신다면 참으로 좋은 일이 생길 것입니다.
지금, 60㎞로 시내를 달리고 있습니까?
　　그러면 '내가 매일 기쁘게 순례의 길 행함은 주의 팔이 나를 안보함이요~'를 부르세요.
지금, 80㎞로 시내를 질주하고 있습니까?
　　그러면 '하늘가는 밝은 길이 내 앞에 있으니~'를 부르시면 좋을 거예요.
지금, 100㎞로 시내를 질주하면서 신호등까지 무시하고 있습니까?
　　그러면 '허락하신 새 땅에 들어가려면~'을 찬송하시면 좋습니다.
그럴 리가 없겠지만, 당신이 120㎞로 달리면서 카레이서를 흉내내십니까?
　　그렇다면 '며칠 후 며칠 후, 요단강 건너가 만나리~'를 찬송해야 합니다. 기억해주세요!

　　　　　　　　　　　　　사랑하는 아내가…

성경에는 '하나님이 없다'는 구절도 있다?

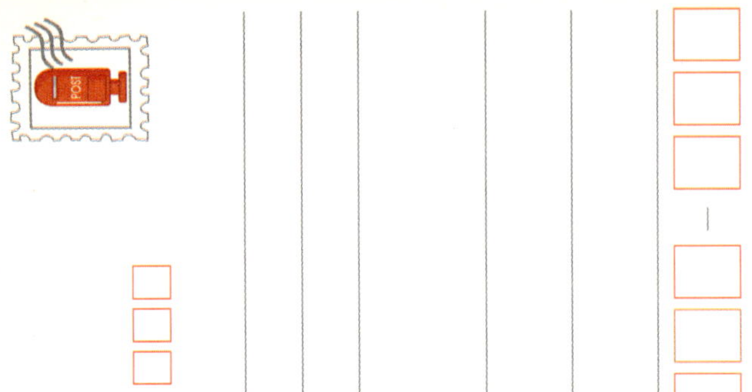

루터의 아내와 욥의 아내

　마틴 루터의 아내는 루터가 실망에 빠져 있을 때, 하나님이 죽었다고 하면서 상복을 입었습니다. ‘하나님이 죽지 않고서야 당신이 그렇게 실망을 할 리가 없다’고 했던 것입니다. 이렇게 상징적인 행동으로 루터의 아내는 남편의 영적 시련을 격려했습니다. 그러나 아내들 중에는 남편에게 위로 대신 공격을 하고, 격려 대신에 좌절에 빠뜨리며, 충성 대신에 배반을 종용慫慂하는 아내들이 있습니다. 아내 때문에 십자가를 지려는 사람이 십자가를 벗어버리고는 영광의 길, 편안한 길, 대접받는 길을 가는 사람이 있습니다. 루터의 아내와 같은 사람이 있는가 하면, 남편의 십자가를 벗겨 버리는 욥의 아내와 같은 사람도 많이 있습니다.

천사가 나타나 1억 원을 하루만에 몽땅 쓰라고 준다면, 어디에 어떤 방법으로 쓸 건가?

성경은 부유함을 '죄악시' 했다?

⊙ × (부유함이 죄는 아니다 오히려 권장했다/ 잠19:4, 28:6)

천사天使

천국에서 인간계에 파견되어 하나님과 인간과의 중개를 맡고 하나님의 뜻을 인간에게 전하며, 인간의 기원을 하나님께 전하는 존재이다. 신체身體가 없는 영적인 존재이고 계시록에 의하면 끊임없이 하나님을 찬미하는 존재로서 인간처럼 자유의지自由意志가 없어 선善과 악惡이 고정되어있는 존재이다.

유머박사

과장하기

유머에 있어서 과장법은 축소법과 함께 자주 출연(?)하는 단골 손님이다. 과장할 때 주의 할 점은 모든 사람의 지각에 지지를 받을 수 있는 그럴 듯한 과장과 근거 있는 과장을 해야 한다. 말도 안 되는 허풍을 늘어놓으면, 듣는 사람들이 웃어도 재미있어서 웃는 것이 아니라 같잖아서 웃거나 귀여워서 웃는다. 과장과 허풍은 다르다.

다양한 각도로 생각을 해 보면 과장할 일은 얼마든지 찾을 수 있다.

① 내가 붕어를 잡았는데 말이야, 아 글쎄 눈알이 야구공만 한 거 있지!
② 야~이 짜슥들아! 내가 젊었을 땐 총알을 맨 손으로 잡았어!
③ 우리 옆집 애는 얼마나 크게 태어났는지 이틀만에 백일잔치 했잖아!

⊙ 오른쪽의 엽서를 지금 즐겁게 해줄 이에게 엽서로 보내세요.

구제는 어려워

목사님은 교회 근처에 사는 한 거지를 돕고 있었다.
어느 날 그 거지가 교회로 찾아와 부목사님께 말했다.

"목사양반 어딨수?"
"왜 그러십니까?"
"아니 이 양반! 매달 5만원씩 보내주더니 이번 달엔 3만원 밖에 안 보냈어."
"잘은 모르겠지만 아마 올해부터 목사님 따님이 대학에 가기 때문에 형편이 좀 어려우실 겁니다."

그러자 이 거지는 다짜고짜 부목사에게 소리쳤다.

"아니 이 양반이! 정신이 있나 없나? 자기 딸은 자기 돈으로 보내야지! 남의 돈은 왜 써!!!"

성경은 부유함을 '죄악시' 했다?

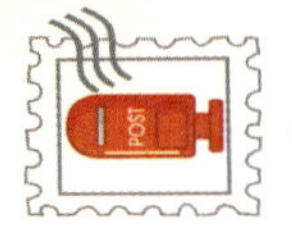

하나님이 기뻐하시는
세 가지 일

첫째, 가난한 사람이 물건을 습득해 그 주인을 찾아 돌려주는 일
둘째, 부자가 자기 수입의 10%를 아무도 모르게 가난한 사람에게 나누어주는 일.
셋째, 번화가繁華街 도시에 살고 있는 독신자가 죄악을 범하지 않는 일.

* OX퀴즈 정답은 보낸이에게 물어보세요! [솔로몬 유머] 중에서...

선물 받은 구관조九官鳥가 한 가지 말밖에 따라하지 못한다. 가장 성경적인 말을 가르쳐야 한다면 무슨 말을 가르쳐 줄까?

천사에게는 '날개' 가 있다?

X (성경의 천사의 날개에 대한 언급은 없다. 단 스랍과 그룹에 대한 날개가 있다. 사6:2~6)

천사天使가 하는 일

① 하나님을 예배하고(욥38:7)
② 하나님의 뜻을 수행하고(히1:7)
③ 성도와 교회를 보호하고(히1:14)
④ 계시를 중개하고(단9:21)
⑤ 백성에게 축복을 전달하고(시91:11)
⑥ 원수들에게 심판을 집행하고(창19:1, 13)
⑦ 하나님을 위해 봉사활동(계21:1, 2)을 한다.

유머박사

축소하기

유머에 있어서 축소법 역시 과장법과 함께 자주 출연(?)하는 단골 손님이다. 그런데 축소법은 과장법보다 어렵다. 왜냐하면, 이것은 체중과 같아서 부풀리기는 쉬워도 빼내기는 어렵기 때문이다. 그러나 사물을 보는 눈이 예리하고, 만사를 압축해서 보는 눈을 가지면 의외로 쉽게 풀린다. 과장법은 꾸밈말을 많이 써야 되지만, 반면에 축소법은 되도록 간략하게 정리하면 된다.

① 간에 기별도 안 간다!
② 그 정도는 껌 값이지~이!
③ 걘, 내 한 주먹거리밖에 안 돼!

오른쪽의 엽서를 지금 즐겁게 해줄 이에게 엽서로 보내세요.

스님 추종자의 고해

어느 유명한 스님이 50미터 절벽 위에 암자를 지어놓고 도를 닦고 있었다. 스님을 존경하는 추종자들이 얼굴을 뵈러 찾아갈 때면 길다란 밧줄 끝에 달린 바구니를 타고 올라가야 했다. 그런데 이 바구니는 아주 낡은 밧줄로 지탱하고 있었다.

그 날도 한 추종자가 바구니를 타고 스님을 뵈러 올라가는 중이었다. 높이의 절반쯤 올라왔을 때 밧줄이 불안해서 참을 수가 없었다. 그래서 안내 책임을 지고 있는 동자승童子僧에게 물어보았다.

"이 밧줄은 얼마 만에 교체를 하나요?"

"밧줄이 끊어질 때마다 한답니다!"

천사에게는 '날개' 가 있다?

두 천사

하나님께서 두 천사를 땅으로 보내시면서 사람들의 기도를 모아 오라고 하셨다. 한 천사는 자기 바구니를 사람들의 탄원으로 채우고, 다른 천사는 감사 찬송의 기도들을 채우기로 했다. 얼마 후 그들이 하나님의 집으로 돌아왔을 때, 한 천사의 바구니는 무수히 많은 탄원으로 철철 넘치고 있었다. 그러나 다른 천사는 슬프고 무거운 마음으로 되돌아왔다. 그의 바구니는 거의 비어 있었기 때문이다. 그 천사가 아무리 열심히 찾아다녔어도 지구 상에서 감사 찬송의 기도는 좀처럼 찾기 힘들었던 것이다.

나의 장례식 때 조문객들이 불러줄 찬송과 읽어줄 성경구절을 유언으로 남긴다면, 어떤 것들을 남길 건가?

요나가 물고기 뱃속에 갇혀 있었던 기간은 '2일'이다?

(욘1:17) × ◑

과장誇張된 설교說敎

하나님의 말씀은 가감加減 없이 그대로 전해져야 한다. 그렇지 않으면 하나님의 말씀을 자기의 욕망을 채워주는 '도깨비 방망이'처럼 휘두르게 된다. 기독교의 신앙은 자기의 소원 성취를 위한 하나의 수단이 아니라 자기의 십자가를 지고 예수님을 따라 가는 것이다(마 16:24). 하나님의 말씀을 제멋대로 요리(?)한 설교는 이단異端의 특징처럼 성경의 말씀을 자기들의 마음대로 가감하거나, 아니면 자기의 체험을 성경과 동일시하게 되어 버리기 때문에 돌이킬 수 없는 잘못을 저지르게 되는 것이다.

유머박사

공통점 찾기

공통점은 유머의 좋은 소재다. 양쪽의 공통점이라는 '재료'를 찾아 현실이라는 '양념'을 넣어 잘 버무리면 모두가 동감하는 '요리'가 된다. 공통점을 찾는 재료도 중요하지만, 현실성이 떨어지면 맛이 떨어진다는 점을 유념해야 한다. 예를 들면, 정치인과 개의 공통점은?

① 주인을 몰라보고 덤빌 때가 있다.
② 자기 밥그릇은 절대로 안 뺏긴다.
③ 족보는 있는데 믿을 수 가 없다.
④ 떼를 지어 몰려다닌다.
⑤ 둘 다 어떤 소리를 하든, 다 개소리다.

◐ 오른쪽의 엽서를 지금 즐겁게 해줄 이에게 엽서로 보내세요.

낚시꾼의 거짓말과 기도

1. 거짓말 : 팔의 길이가 짧은 낚시꾼은 팔 길이가 긴 낚시꾼보다 천국에 갈 확률이 많다. 왜냐하면 아무래도 거짓말을 조금 덜 하게 되기 때문이다.

2. 기 도 : 어느 낚시꾼이 이렇게 기도했다.

"주여, 제가 잡은 물고기에 대해 남에게 얘기할 때 거 짓말할 필요가 없을 정도의 큰 고기를 잡을 수 있도록 해주시기 바라나이다……"

요나가 물고기 뱃속에 갇혀 있었던 기간은 '2일'이다?

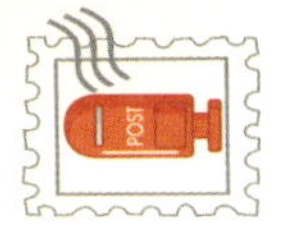

혀

　어느 날 '랍비'가 자기 하인에게 시장에 가 맛있는 것을 골라 사 오라고 시켰다. 그랬더니 하인은 혀를 사 왔다.

　며칠 뒤, '랍비'는 또 하인에게 오늘은 좀 값이 싼 음식을 사오라고 명했다. 그런데 하인은 똑같은 혀를 사 왔다.

　'랍비'는 언짢아 그 까닭을 물었다.

　"며칠 전 맛있는 것을 사 오라 했을 때 혀를 사 왔고, 오늘은 싼 음식을 사 오라 했는데 어째서 또 혀를 사 왔느냐?"

　그러자 하인은 이렇게 대답하였다.

　"좋은 것으로 치면 혀만큼 좋은 것이 없고 나쁜 것으로 치면 혀만큼 나쁜 것도 없기 때문입니다."

당신에게 사형제도에 대한 찬반을 묻는다면, 당신은 어떤 성경적인 윤리에 의해 찬성 또는 반대하겠는가?

헤롯왕은 '세 살 아래'의 남자아이를 다 죽였다?

(마 2:16) × ○

가정家庭

부부를 중심으로 하는 가족의 공동생활체 즉 부부, 자식, 부모 등 가족이 공동생활을 하는 조직체를 말한다. 이것은 하나님께서 최초로 만들어 주신 인간 생활의 기본 구성원의 모임이다(마19:4-6). 따라서 가정이란 국가와 사회보다도 우선한 생활의 기반인 것이다. 그러므로 모든 크리스천들은 가정에서부터 행복을 만들어 지키고 누려야지, 가정을 돌보지 않거나 등한시하고, 밤낮으로 교회나 기도원에만 매달려 산다면 이것은 참된 가정도, 성숙한 크리스천도 아닌 것이다

유머박사

차이점 찾기

차이점도 유머의 좋은 소재다. 양쪽의 특징을 서로 비교하여 차이점을 찾고, 이 것을 다시 유머에 적용한다. 여기서 차이점은 혼자 출연(?)하기 보다는 과장법과 함께 복식 조를 이룰 수 있다면 금상첨화錦上添花가 된다.

① 넌 구름, 난 바람!
② 내가 너만할 땐 돌도 씹어 먹었어!
③ 야 쨔샤! 니 군번은 한 줄로 서면 보이지도 않아!
④ 니가 자동차면 나는 독수리다!(모기가 티코에게 하는 말)
⑤ 니가 이걸 해낸다면, 내 열 손가락에 매니큐어를 바르겠다!(장을 지짐)

○ 오른쪽의 엽서를 지금 즐겁게 해줄 이에게 엽서로 보내세요.

행복한 가정을 위한 10계명

① 아내에 관련된 기념일은 무조건 일주일 전부터 기억한다.

② 아랫목은 아내의 지정석이다.

③ 장인, 장모님은 나의 부모님이다.

④ 아내가 우울하면 곧 코미디언으로 변신한다.

⑤ 1식 1찬이라도 아내가 주면 수라상이다.

⑥ 아내가 하사하는 용돈은 액수에 관계없이 고맙게 받는다.

⑦ 아내가 지급하는 옷은 파리, 이태리 패션쇼에 나온 옷이다.

⑧ 아내가 아프면 휴가계를 내고 병간호에 전념한다.

⑨ 아내의 잔소리는 천사가 속삭이는 아름다운 충고다.

⑩ 집안의 대소사는 아내가 주관한다.

퀴즈

헤롯왕은 '세 살 아래'의 남자아이를 다 죽였다?

링컨의 기도

아브라함 링컨의 신앙을 입증하는 일화가 있다.

한번은 교회 지도자들의 초대를 받았다. 문제가 있어서 대통령의 도움을 청하는 모임이었다. 사회자는 문제를 설명한 후 이렇게 말했다.

"하나님이 우리의 편이므로, 대통령께서도 우리의 편에 서실 것을 믿습니다."

이때 링컨은 이렇게 대답했다.

"문제는 들었습니다. 이것의 옳고 그름은 더 알아보겠습니다."라고 말한 후 덧붙여 말했다.

"한가지 제 소신을 말씀드린다면 '하나님이 내 편에 서 계시다'라는 생각보다, '내가 하나님 편에 서 있도록 노력하는 것' 이 날마다 드리는 저의 기도제목입니다."

당신이 힘들고 지칠 때 위로 받을 수 있는 찬송 또는 복음송이 있는가?

예수님께서 마귀에게 시험을 받을 때는 40일 '금식기도 전'이었다?

× ⊙ (금식기도 후 / 마4:2)

입시생入試生

일부 예배당 앞에는 '수험생을 위한 40일 기도회!'라는 현수막이 걸린다. 그러나 시험은 실력으로 치르는 것이지 믿음의 요행수(?)로 보는 것이 아니다. 그럼에도 불구하고 자기의 자식만 시험에 붙게 해 달라는 기도는 공의公儀의 하나님을 난처(?)하게 하는 행위이고 정욕으로 구하는 것이다(약 4:3). 그러므로 학부모들은 수험생 곁에서 그들이 안정된 마음과 믿음으로 충분히 실력발휘를 할 수 있도록 지도하면서, 함께 기도하는 것이 더 중요하다.

유머박사

유머 메모하기

유머 감각을 키우려면, 유머를 메모하는 습관을 가져야 한다. 언제든 기회가 생겼을 때 신속하게 메모할 수 있도록 항시 준비를 하고 있어야 한다. 메모는 보조기억장치로서 잊어버리지만 않는다면 영원한 내 꺼다. 그래서 기록은 기억보다 한 수 위이다.

유머를 메모할 때는 마구잡이로 하지말고 주제별, 내용별로 구분을 해서 파일 형식으로 메모를 하는 것이 좋다. 그래야 나중에 필요할 때 사전처럼 신속하고 효율적으로 찾아 활용할 수 있다. 주의할 사항은 메모를 했다고 해서 모든 유머가 다 내 것이 되는 것은 아니다. 몇 번이고 들춰보며 반복해서 써먹을 때 비로소 내 것으로 효과를 발휘하는 것이다.

'부뚜막의 소금도 넣어야 짜다.'는 말처럼...

❶ 오른쪽의 엽서를 지금 즐겁게 해줄 이에게 엽서로 보내세요.

죽어도

성적에 대한 고민 끝에 자살한 고3생이 천국과 지옥의 갈림길에서 심문을 받게 되었다.
이 학생을 불쌍히 여긴 천사가 그에게 선택의 기회를 주기로 했다.

"너, 지옥갈래? 아니면 천국갈래?"

그러자 학생이 자신 없는 투로 말했다.

"어디가 미달됐나요?"

예수님께서 마귀에게 시험을 받을 때는 40일 '금식기도 전'이었다?

기도하는 손

독일의 화가이며 조각가인 '뒤러'는 소묘 900점, 목판화 350점을 비롯해서 많은 작품을 남겼지만 그 가운데서도 대표작은 현재 '뉴른베르크' 박물관에 보관되어져 있는 <기도하는 손>이다. 이 그림의 탄생에는 위대한 사랑과 우정을 내용으로 한 실화가 감동적으로 숨겨져 있는 그림이다. 그 내용인 즉, 그림공부에 뜻은 두었으나 가난했던 '뒤러'는 친구와 약속을 했다. 한 쪽이 그림공부를 하는 동안 한 쪽은 노동을 해서 학비를 돕기로 했는데, '뒤러'가 먼저 공부를 하게 되었다. 어느 정도 이름을 얻게되자 친구를 공부시키기 위해 찾아갔다. 친구는 마침 기도 중이었는데 그 기도의 내용이 '뒤러'의 가슴을 뭉클하게 했다. "하나님, 저는 심한 노동으로 손이 굳어져 그림을 그릴 수 없게 되었습니다. 하오나 내 친구 '뒤러'만은 화가로서 성공하게 해주옵소서!" '뒤러'는 흐르는 눈물을 닦을 생각도 하지 않고 그 자리에서 연필을 꺼내어 친구의 기도하는 손을 스케치하여 이 명화가 탄생되었다고 한다.

이 세상에서 가장 두려운 것 하나를 없앨 수 있다면, 그것은 무엇인가?

예수님께서 광야에서 마귀에게 받은 첫 번째 시험은 '성전 꼭대기에서 뛰어내리는 것'이었다?

× ○ (돌을 떡 만들기/ 마4:3)

주기도문 主祈禱文

예수 그리스도께서 제자들에게 직접 가르쳐준 표본적인 기도로 '주의 기도', '주께서 가르쳐주신 기도'라고도 한다. 전문은, "하늘에 계신 우리 아버지여, 이름이 거룩히 여김을 받으시오며, 나라에 임하옵시며, 뜻이 하늘에서 이룬 것같이 땅에서도 이루어지이다. 오늘날 우리에게 일용할 양식을 주옵시고, 우리가 우리에게 죄지은 자를 사하여 준 것같이 우리 죄를 사하여 주옵시고, 우리를 시험에 들게 하지 마옵시고, 다만 악에서 구하옵소서. 대개 나라와 권세와 영광이 아버지께 영원히 있사옵나이다. 아멘(마6:9~13)."

유머박사

실패를 두려워하지 않기

유머 구사시, 경계해야할 심리적 상태는 "이게 안 먹히면 어쩌지?" "폭소를 자아내지 않으면 안 되는데!" "썰렁하다고 하면 어쩌나?" 등등이다. 그러나 겁먹지 말고, 불굴不屈의 의지로 중단없는 전진을 해야 한다! 왜냐하면 썰렁한 단계는 어차피 지나야 할 정거장이기 때문이다. 실패나 썰렁하다는 말을 듣는 것이 두려워 유머훈련을 중단한다면, 이것은 마치 어린아이가 걸음마를 배우다가 넘어진다고 해서 아예 일어서기를 포기하는 것과 같다. 넘어지더라도 또 일어나고 또 일어나야 걷고 나서 뛸 수 있듯이, 주변에서 썰렁하다는 말을 듣더라도 개의치 말고 계속 밀고 나가야 한다. 유머가 썰렁했다면 오히려 반성과 성찰을 통해 자기개발의 기회로 삼을 수 있다. 칠전팔기가 한 번의 성공보다 더 감동적인 것처럼…

○ 오른쪽의 엽서를 지금 즐겁게 해줄 이에게 엽서로 보내세요.

막상막하

주차할 곳을 찾아 시청 주변을 몇 바퀴나 돌던 한 남자가 결국 주차금지구역에 차를 세우며 다음과 같은 메모를 써서 차 앞 유리에 붙여놓았다.

"경찰관 귀하, 이 주변을 20바퀴나 돌았으나 결국 주차할 곳을 못 찾았습니다. 저는 중요한 약속이 있는데, 그 약속을 지키지 못하면 밥줄이 끊긴답니다. 그러니 제발 제 죄를 사하여 주십시오."

한참 후 용무를 다 마치고 돌아온 남자는 차 앞 유리에 '주차위반딱지'와 더불어 자신의 글 옆에 나란히 붙어 있는 또 한 장의 쪽지를 발견했다.

"차주에게. 나는 이 주변을 20년이나 돌았습니다. 만약 내가 당신에게 주차위반딱지를 떼지 않으면 제 밥줄이 끊긴답니다. 그러하오니 제발 나를 시험에 들게 하지 마시오!"

퀴즈

예수님께서 광야에서 마귀에게 받은 첫 번째 시험은 '성전 꼭대기에서 뛰어내리는 것'이었다?

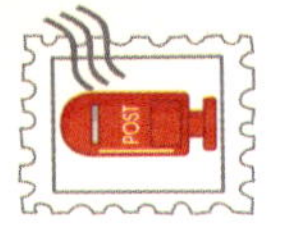

불가사리와 사탄

불가사리는 살아 있는 조개를 맛있는 먹이로 삼는다. 한끼의 식사를 위해 섬세한 작업을 행해야 하는데, 먼저 수천 마리의 불가사리는 조개들과 친구가 되었다가 조개들이 바다 속에 떠다니는 먹이를 찾아 껍질을 벌리면 불가사리는 조개의 살을 간질인다. 그 간지럼은 어리석은 조개에게 즐거움을 느끼게 하여 자기의 입을 더 넓게 벌린다. 그때 교활한 불가사리는 조개의 심장을 찾아 누름으로써 죽게 한다. 사탄의 전략도 이와 같아서 처음에는 사탄이 우리의 쾌락을 자극하다가 결정적으로 우리가 방심할 때 입을 벌려 잡아먹는다. 사탄은 언제나 방심하는 영혼을 찾아다니며 베드로전서 5장 8절에 언급한 것처럼 행동을 개시한다.

'근신하라 깨어라 너희 대적 마귀가 우는 사자같이 두루 다니며 삼킬 자를 찾나니…'

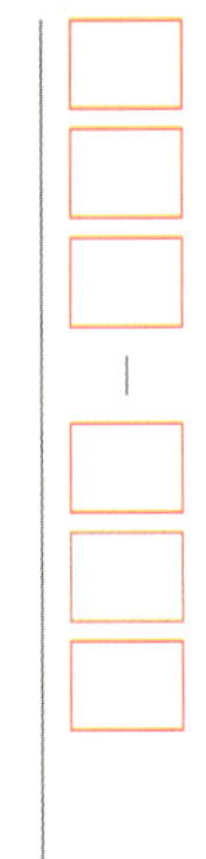

POST CARD
우 편 엽 서

받는 사람

보내는 사람

불신자不信者들로부터 들은 말 중 가장 모욕적이라고 느꼈던 말이 있다면 어떤 것들이 있는가?

마태복음에 오른쪽 뺨을 때리거든 '왼쪽 뺨'도 돌려대라고 했다?

(마5:39) ○ ◑

복음 福音

'복된 소리' 또는 '기쁜 소리'의 뜻으로, 예수님의 가르침을 일컫는 말로 죄인인 사람이 예수님을 구세주로 믿음으로써 하나님의 은혜를 입어 죄의 사함을 받고 구원받는다는 가르침이다. 예수님께서도 '하나님의 복음' 또는 '하나님나라의 복음'이라는 말을 써서 그 가르침의 내용을 나타내었다. 이 말은 나중에 복음의 원천인 예수님 자신의 지상생활과 그 가르침 즉 '복음'을 기록한 책을 가리키는 '복음서'라는 뜻으로도 쓰이게 되었다. 따라서 복음은 믿음으로 구원을 얻는 소식 즉 '예수님을 믿는 신앙'이다.

유머박사

역발상

좌우를 바꾸거나, 위아래를 옮기거나, 안팎을 뒤집는 것을 '역발상'이라 한다. 역발상은 유머 감각과 창의력 훈련에 좋다. 예를 들어, 얼굴에 코가 붙어 있는 것이 아니라 "코에 얼굴이 매달려 있다!"라고 생각하면 어떨까? 그리고 장미꽃에 따가운 가시가 있는 것이 아니라 "가시나무에 이렇게 아름다운 장미꽃도 피는구나!"라고 생각해 보는 것이다.

생활 속에서, 양말이나 스타킹을 왼발부터 신어보고, 양치질을 왼손으로 해 보고, 버스에 오를 때 왼발부터 오르고, 커피를 저을 때 왼손으로 저어보면 역발상을 통한 사고의 유연성을 크게 키울 수 있다. 마이클 잭슨은 뒤로 걷는 동작으로 시선집중을 한 몸에 받았다.

모든 발명품의 반 이상은 역발상으로 창조된 것이다!

◑ 오른쪽의 엽서를 지금 즐겁게 해줄 이에게 엽서로 보내세요.

준비된 사람

고속도로에서 승용차 한 대가 갓길에 서 있었다. 알고 보니 목사님이 운전하는 차였는데 기름이 떨어진 것이었다. 빈정이는 목사님을 인근 주유소까지 데려다주며 물었다.

빈정이 : 목사님께서 기름이 떨어져 갓길에 차를 세우시다니 말이 됩니까? 하나님께서 보살펴 주시지 않나요?

목 사 : 보살펴 주시죠. 그분이 아마 당신을 내게 보내주신 것 같습니다.

마태복음에 오른쪽 뺨을 때리거든 '왼쪽 뺨'도 돌려대라고 했다?

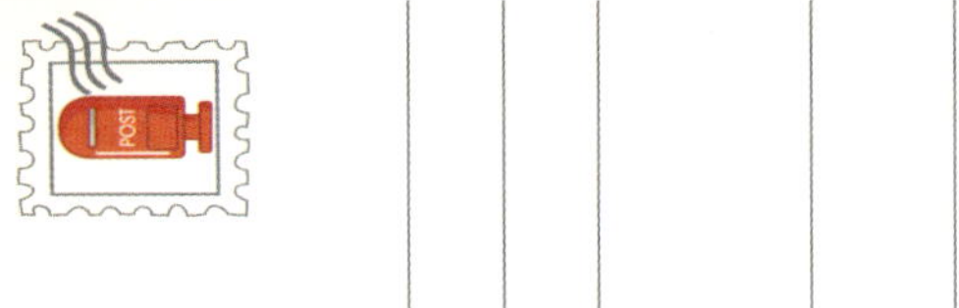

만찬

　어떤 왕이 하인들을 위해 만찬을 베풀겠다고 했다. 그러나 만찬이 열리는 시간은 알려 주지 않았다.

　현명한 하인은, '임금님께서 하시는 일이니까 만찬은 언제라도 열릴 거야. 그 만찬에 참석할 수 있도록 만반의 준비를 해야지.' 이렇게 생각하고 궁전 문 앞에서 기다리고 있었다.

　그러나, 어리석은 하인은 만찬을 준비하려면 시간이 오래 걸릴 테니 아직도 시간이 넉넉하다고 생각하여 아무 준비도 하지 않았다. 만찬이 열렸을 때, 현명한 하인은 곧 참석하여 맛있는 음식을 먹을 수 있었지만, 어리석은 하인은 만찬에 참석하지도 못했다.

　여러분들도 언제 하나님의 부름을 받을지 모른다. 하나님으로부터 만찬에 초대받았을 때 당황하지 말고 참석할 수 있도록 항상 준비를 해야 한다.

남자와 여자 중에서 신앙생활을 영유하기 위한 더 적합한 성별은 무엇이라고 생각되나? 또 그 장단점은?

예수님께서는 금식할 때, 외식하는 자들과 같이 '머리에 기름을 바르지도 말고, 얼굴도 씻지 말라' 고 하셨다?

× O (머리에 기름을 바르고, 얼굴을 씻으라고 하셨다 / 마6:16~17)

중보기도仲保祈禱

기도의 한 형태로서, 자신을 위한 것이 아니라 다른 사람을 위하여 하는 것이다. 겸손한 마음과 진정한 예수 그리스도의 사랑을 갖고 기도해야 하는 것을 전제로 하고 있다. 성경의 중보기도에 대한 내용을 보면, "이로써 우리도 듣던 날부터 너희를 위하여 기도하기를 그치지 아니하고 구하노니 너희로 하여금 모든 신령한 지혜와 총명에 하나님의 뜻을 아는 것으로 채우게 하고(골1:9)", "이러므로 너희 죄를 서로 고하며 병 낫기를 위하여 서로 기도하라 의인의 간구는 역사 하는 힘이 많으니라(약5:16)"라고 했다.

유머박사

속담 뒤집기

속담을 역발상으로 뒤집거나 비틀어보면 보면 유머가 탄생한다.
예를 들어,
'서당 개 삼 년이면 풍월을 읊는다.' 는 말을,
'식당 개 삼 년이면 라면을 끓인다.'
'다방 개 삼 년이면 티켓 판다.' 라고 한다든지.
온라인게임을 속담과 접목시켜,
'메딕, 뭉치면 살고 흩어지면 죽는다.'
'다크 템플러, 뭉치면 죽고 흩어지면 산다.'
'낮말은 옵저버가 듣고 밤말은 컴셋이 듣는다.' 등으로 만들 수도 있다.

❤ 오른쪽의 엽서를 지금 즐겁게 해줄 이에게 엽서로 보내세요.

조숙한 아이

어느 날 유치원에서 돌아온 꼬마가 엄마에게 물었다.

꼬 마 : 엄마! 난 어떻게 태어난 거야?
엄 마 : 응! 그건 하나님이 널 나에게 선물로 주신 거란다.
꼬 마 : 그럼, 엄마도 하나님이 할머니에게 선물로 주신 거야?
엄 마 : 그럼! 그렇단다.

그러자 꼬마 왈,

"나~원~참! 우리 집 남자들은 도대체 뭘 한 거야!!!"

 퀴즈

예수님께서는 금식할 때, 외식하는 자들과 같이 '머리에 기름을 바르지도 말고, 얼굴도 씻지 말라' 고 하셨다?

막혀있는 비상구

프랑스의 어느 할로윈 축제 때 100여명이 참석한 파티장에서 화재 사건이 발생했다. 아무도 불이 어디서부터 난 것인지 또 어떻게 꺼야할지 몰랐다. 사람들은 출구를 찾아 이리저리 뛰며 온통 아수라장이었으나 출구는 어디에도 없었다. 그러던 중 대부분의 사람들이 질식하거나 불길에 휩싸여 죽었다. 물론 홀에는 비상구가 있었지만 그것은 커튼 뒤에 가려져 보이지 않았던 것이다. 이튿날 아침 소방대원이 불탄 건물을 조사한 결과 누군가가 파티를 방해하는 자들을 막기 위해서 문마다 못을 박아둔 것을 발견했다.

예수 그리스도께서는 이렇게 말씀하셨다.

'내가 문이니...' (요10:9)

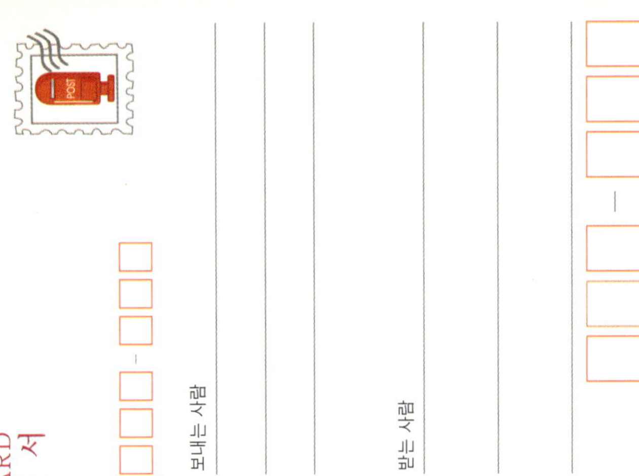

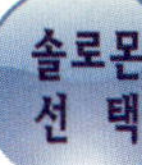

남북 통일이 되어 북한의 동포에게 전도할 기회가 생긴다면, 어떤 방법으로 전도하는 것이 가장 효과적일까?

예수님께서는 제자들을 파송 하시면서 뱀같이 지혜롭고 '양같이 순결' 하라고 말씀하셨다?

○ × (비둘기 같이 순결 / 마태 10:16)

교회敎會

그리스어로 '에클레시아' (ekklsia)인데, 이것은 시민의 집회나 의회를 의미했다. 현대의 일반적으로 사용되는 '교회' 라는 말은 기독교 신자로 결성된 가시적인 단체나 집단 또는 집회장소를 말하기도 하나, 진정한 의미의 교회는 그리스도와 그리스도를 믿는 성도들(2, 3명일지라도)이 성령으로 맺어진 불 가시적인 공동체를 가리킨다. 따라서 교회를 건물이라고 생각하는 것은 오해이다. 또한 교회는 '그리스도의 몸'이라고도 표현하는데, 이 경우 예수님이 교회의 우두머리이며 성도는 몸의 일부가 된다.

유머박사

재탕 금지

한약은 재탕을 해도 되지만 유머는 재탕을 하면 안 된다. 노래는 부르고 또 불러도 흥이 나지만 유머는 두 번 들으면 짜증난다. 재미와 흥미가 반감하기 때문이다. TV에서 이미 시청한 프로그램의 재방송 보면서 흥분하고 열받는 사람이 거의 없는 것과 같은 이치이다. 그래서 개그맨들은 노력을 많이 해야하고, 그만큼 스트레스도 많이 받고, 머리도 좋아야 한다.

사람은 예측하지 못하는 상황을 만나야 새로운 감동을 받고, 호기심을 자극해야 시선 집중을 하는데, 예측이 가능한 내용이나 이미 경험한 것에 대해선 신선도(?)가 떨어지기 때문에 호응을 받을 수 없다.

◐ 오른쪽의 엽서를 지금 즐겁게 해줄 이에게 엽서로 보내세요.

전제 조건

교회에서 목사님이 아이들에게 물었다.

"우리가 하나님께 죄를 용서받기 위해서는 우선 무엇을 해야 되지요?"

그러자 아이들은 잠시 생각에 잠겼다. 그리고 얼마 후 한 아이가 일어나 대답했다.

"네, 우선 죄를 지어야 합니다!"

예수님께서는 제자들을 파송 하시면서 뱀같이 지혜롭고 '양같이 순결' 하라고 말씀하셨다?

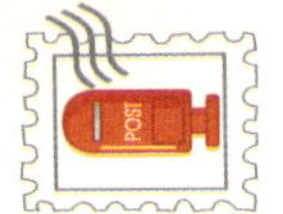

등불

수년 전 공장에서 일하고 있던 자매님 한 분이 찾아 왔다.

"목사님! 이 공장 안의 모든 분위기와 환경을 생각할 때 저는 무리입니다. 아무래도 이 공장을 떠나야겠다고 생각하고 있습니다."

나는 자매에게 되물었다.

"자매님이 이 자리를 떠나는 것이 주의 뜻이라는 확신을 주께서 허락해 주셨습니까?"

"아직은 그런 확신은 없습니다."

"자매님! 자매님은 어디에 등불을 켜십니까?"

"어두운 곳이지요."

"어느 때에 켜십니까?"

"어두울 때지요."

"자매님이 처하고 있는 그 공장과 그 환경이 어둡기 때문에 하나님께서 자매님을 그 자리에 등불로 보내주셨다는 사실을 생각해 보신 일이 있으십니까?"

예수님께서 산상보훈(설교)을 서울의 남산에서 하셨다면, 한국을 성지순례의 관광코스로 개발할 수 있겠는가?

예수님은 하늘에 계신 내 아버지의 뜻대로 하는 자가 '내 이웃'이라고 말씀 하셨다?

⊙ × (형제, 자매, 모친 / 마가12:50)

산상수훈山上垂訓

산상보훈山上寶訓 이라고도 하는데 마태복음 5장~7장에 기록되어 있는 예수님의 산상설교山上說敎이다. 이것은 예수님의 선교활동 초기에 갈릴리의 작은 산(가버나움) 위에서 제자들과 군중에게 행한 설교로서 '성경 중의 성경'으로 일컬어지며, 크리스천들에게 가장 중요한 기도인 '주기도'도 여기에서 연유한다. 일반적으로 이 산상수훈은 윤리적 행위에 대한 예수님의 가르침을 집약적으로 잘 드러내고 있다는 점에서 초대 기독교 시대부터 오늘날까지 기독교 신자들의 윤리 행위의 지침이 되고 있다.

유머박사

표정연기

유머에 걸맞은 표정 연기는 유머의 강도를 높여 준다. 이는 극장에서, 영화음악 없이 스크린의 화면과 대사만 있는 영화를 보는 것과 감동적인 영화음악이 삽입된 영화를 보는 차이만큼이나 크다.

표정 연기를 위해서 다음 사항을 실제로 연기해 보자.

① 망치질을 하다가 손등을 때렸을 때.

② 등이 몹시 가려운데 손이 닿지 않을 때.

③ 설탕인 줄 알고 한 숟가락 먹었는데, 소금일 때.

④ 무거운 것을 들고 가다 놓쳐서 발등을 찍었을 때.

⑤ 배탈이 나서 화장실을 갔는데 앞에 열 사람이나 줄을 서 있을 때.

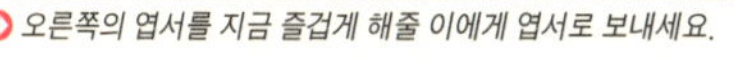

⊙ 오른쪽의 엽서를 지금 즐겁게 해줄 이에게 엽서로 보내세요.

목사님의 눈

어느 교인이 다음과 같은 질문을 받았다.

"당신이 다니는 교회의 목사님의 눈은 무슨 색깔입니까?"

"글쎄요. 잘 모르겠는데요. 기도할 때는 목사님이 눈을 감으시고, 설교할 때는 제가 눈을 감아서, 한 번도 목사님의 눈을 본적이 없거든요!"

 퀴즈

예수님은 하늘에 계신 내 아버지의 뜻대로 하는 자가 '내 이웃'이라고 말씀 하셨다?

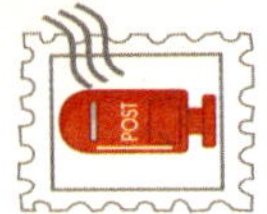

POST CARD
우편엽서

받는사람

보내는사람

반복되는 설교

기대를 한 몸에 받으며 어떤 목사가 교회에 새로 부임했다. 첫 번째 주일, 그는 '당신은 헌신했는가?'라는 제목의 설교로 교인들을 감동케 했다. 그 다음 주일 목사는 똑같은 제목의 설교를 했다. 그 다음 주일에도 목사는 똑같은 제목의 설교를 했다. 그 다음 주일에도 반복했다. 듣다못한 교인들은 대표자를 뽑아 왜 같은 설교를 하는지에 대해 항의했다.

"한 가지 설교 밖에 준비하지 못했습니까?" 이 말을 들은 목사는 조용히 이렇게 말했다.

"저는 많은 설교를 준비했지요. 하지만 여러분이 첫 번째 설교를 듣고도 실천하지 않아 그 다음에 준비된 설교를 할 수 없었답니다. 여러분이 말씀을 실행에 옮길 때 나는 다음 준비된 설교를 할 것입니다."

'행함이 없는 믿음은 죽은 것이니라...'(약2:26).

*OX퀴즈 정답은 보내이에게 물어보세요! [솔로몬 유머] 중에서...

선교를 하기 위해 5감(시각, 청각, 미각, 촉각, 후각) 중 하나를 포기해야 한다면, 어떤 감각을 포기할 건가?

세례 요한은 '칼에 찔려' 죽었다?

× ○ (목이 베임 / 마14:10)

세례洗禮

예수님의 죽음과 부활을 상징하며, 육체는 죽고 그리스도 안에서 다시 새롭게 태어남을 상징하는 의식이다. 그리스어인 '밥티스마'에서 온 말로 '침수浸水한다'는 뜻인데, 원래의 세례는 몸통을 물 속에 담그는 침례浸禮의식이었기 때문이다. 오늘날에도 몇몇 교파에서는 침례의식을 거행하지만, 카톨릭교회와 대부분의 기독교 교회에서는 머리에 물을 적시거나 이마에 물을 뿌리는 약식略式 세례가 보통이다. 아름답고 경건한 의식을 눈에 보이는 형태로 표현한 것으로 사람을 구원하는 힘은 없다.

유머박사

낙법

유도에 입문하면 낙법落法부터 배운다. 넘어지거나 떨어질 때, 성한 몸으로 다시 일어나 상대방을 공격하기 위한 기술이다. 유머훈련시, 헝그리 정신과 더불어 있어야 할 것은 바로 일곱 번 넘어져도 다시 일어나는(개구리 왕눈이식) 유도의 낙법 정신이다.

즉, 유머를 날렸을 때 사람들로부터 '썰렁하다!'는 반응이 나왔을 때의 응급처치 방법이다. 예를 들면,

① 썰렁했지? 나도 그럴 줄 알았다니까!

② 난 왜 이렇게 되는 게 없는지 몰라...

③ 내 개그는 추석이야, 1년에 한번만 웃기지!

○ 오른쪽의 엽서를 지금 즐겁게 해줄 이에게 엽서로 보내세요.

진정한 프로

우연히 다른 교회에서 설교하시던 목사님의 설교를 들은 교인이 목사님께 물었다.

"목사님, 어째서 목사님은 본 교회보다 다른 교회에서 설교를 더 잘 하십니까?"

목사님이 말씀하시길,

"'어웨이 경기'를 잘해야 진정한 프로라고 할 수 있지 않겠습니까!"

세례 요한은 '칼에 찔려' 죽었다?

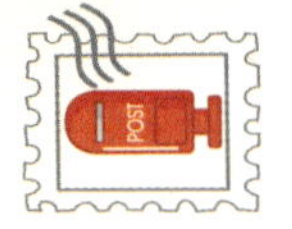

죽음도 피해간 지혜

옛날 왕을 즐겁게 해주는 광대가 있었다. 늘 왕의 총애를 받던 이 광대가 어느 날 큰 실수를 저질러 처형을 당하게 되었다. 그동안의 공적을 인정한 왕은 "당장 처형해야 하나 선택의 기회를 주겠다. 이 모래시계의 모래가 밑으로 다 떨어질 때까지 어떻게 죽고 싶은지 방법을 선택하라!"고 말했다. 모래가 밑으로 다 떨어진 다음 왕은 광대에게 죽음의 방법을 물었다. 그러자 광대는 이렇게 말해 죽음을 모면했다.

"미천한 저에게 기회를 주셔서 감사합니다. 저는 늙어 죽는 방법을 선택했습니다!"

크리스천으로 살아가는데 있어서, 신앙을 위협하는 수많은 것들 중 한가지를 영원히 없애고 싶은 것이 있다면?

베드로는 닭이 울기 전에 예수님을 '세 번' 부인했다?

(마26:75) ○

속죄제 贖罪祭

죄를 속하기 위해 하나님께 드린 동물을 희생시키는 제사이다. 희생제사 가운데 중요하고 기본적인 것으로, 드리는 자의 신분과 생활 정도에 따라 제물이 달랐다. 속죄제물의 종류에 흠이 없는 수송아지, 숫염소, 암염소 또는 암양, 산 비둘기나 집 비둘기 새끼 등이었다. 속죄제에 관한 규례는 구약성경 '레위기'에 언급되었다. 속죄제는 예수 그리스도의 십자가 사건의 모형이다. 신약성경 히브리서는 예수 그리스도의 죽으심은 우리 죄를 위한 속죄제의 제물이 되셨다는 데 초점을 두고있다(히9:28, 10:12).

유머박사

프로정신

프로는 아마추어보다 아름답다. 그리고 돈도 더 많이 번다. 자기 분야에서 독보적인 존재가 되기 위해 물질적, 시간적 투자를 아끼지 않으며 매사를 자기일과 줄기차게 연결시켜 생각한다. 1%의 시행착오를 없애기 위해 온 정열을 쏟고, 최선最善이 아닌 최고最高가 되기 위해 목숨을 거는, 어떤 일에 있어서 유력한 사람이 아니라 유일한 사람을 말한다.

예를 들어, 휴가를 갔다 왔더니 자기자리가 별 탈 없이 잘 굴러갔다면 그 사람은 아마추어인 고참일 뿐이고, 주변 동료가 그렇게 도와주려 했음에도 불구하고 엉망이 되어 있다면 그 사람은 프로다. 즉, 그 사람 아니고는 안 된다는 말이다. 유머 감각 훈련도 남보다 한발 앞서겠다는 프로 정신이 있어야 한다. 야구에서 한발 차이는 죽고 사는 문제다.

◑ 오른쪽의 엽서를 지금 즐겁게 해줄 이에게 엽서로 보내세요.

책

독실한 여성도가 목사님께 심방을 부탁했다. 그녀의 집을 방문한 목사님은 심방예배를 마치고,

"괴로울 땐 항상 성경을 펴보세요. 성경말씀이 도움이 될 겁니다."라고 말했다.

그러자 그 여성도는 옆 방에서 놀고 있던 딸에게 보라는 듯이 큰소리로 말했다.

"애야, 엄마가 주야로 읽는 그 책 좀 가져오너라!"
그러자 딸이 책 한 권을 가지고 와서 말했다.

"엄마, TV 가이드 가져왔어요!"

베드로는 닭이 울기 전에 예수님을 '세 번' 부인했다?

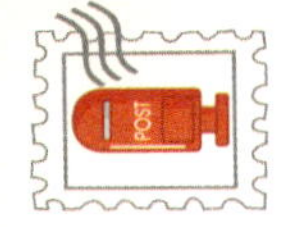

교인의 종류

① 감투 교인 – 교회 감투를 안주면 교회에 안나오는 교인

② 인력거 교인 – 심방을 가서 끌어내야만 겨우 교회에 오는 교인

③ 핑계 교인 – 이렇게 저렇게 항상 핑계대며 잘 빠지는 교인

④ 오락 교인 – 친목회, 운동경기, 야유회 때문에 교회를 다니는 교인

⑤ 벙어리 교인 – 신앙생활을 오래 해도 기도생활을 전혀 하지 않아서 기도
　　　　　　　　인도를 못하는 교인

⑥ 채점관 교인 – 설교 비평과 남의 흠잡기에 정신없는 교인

⑦ 유람선 교인 – 이 교회, 저 교회를 왔다 갔다 하는 교인

⑧ 광고 교인 – 사업적으로 무슨 실속을 찾으려는 목적으로 교회에 다니는
　　　　　　　교인

⑨ 묵상 교인 – 예배를 시작하면 조는 교인

⑩ 국회의원 교인 – 한 가정에서 대표로 혼자 나오는 교인

⑪ 가시 교인 – 교회의 가시 노릇이나 하는 파괴적인 교인

⑫ 장례위원 교인 – 부모의 장례식 예비를 위해서 나오는 교인

정말 용서할 수 없는 사람(원수)에게 예수님을 같이 믿자고 전도하려고 한다. 어떤 말을 꺼내야 그 사람의 마음을 돌릴 수 있을까?

예수님을 재판한 총독은 '본디오 빌라도' 이다?

(마27:2) ○

교만驕慢해지는 이유理由

성경에서 말하는 교만한 자란 하나님을 신뢰하기보다는 자기 자신이나 자신이 선택한 수단을 더 신뢰하는 자를 가리킨다. 예수님께서는 조상으로 말미암아 구원을 얻는다고 하는 자(눅3:8)와 사회적 지위나 도덕적 행위로 말미암아 구원을 얻는다고 하는 자들을 비난하고 있다. 인간이 교만해 지는 이유는 일반적으로 돈이 많거나, 지식이 많거나, 또는 인물이 좋으면 교만하기 쉽다. 그리고 영적으로 기도를 많이 하거나 교회봉사를 많이 하거나 또는 성경을 많이 알아도 교만하여지기 쉽다.

유머박사

징검다리 놓기

사람은 긴장 상태에서 이완 상태로 넘어갈 때, 긴장이 풀리면서 웃게 되어 있다.

징검다리 놓기는 긴장상태에서 이완상태로 유도하는 유머기법으로 즉, 어떤 사실을 나열할 때 중간 부분을 생략하고 말하면 듣는 사람은 생략된 없어진 부분을 찾아내느라 긴장하게 되고, 그것을 찾았을 땐 마음의 안정과 함께 이완상태로 진입한다. 이렇게 만들어진 이완상태는 웃음을 자아내게 한다. 마음의 여유가 생겼기 때문이다. 예를 들면,

① 얼굴이 참 민주적으로 생기셨습니다.
② 노래를 참 편안하게 부르셨습니다! 박자, 음정 별로 신경 쓰지 않으시고…
③ 사장님의 노래가 끝나면, 예의 상 앙코르를 힘차게 외쳐주시기 바랍니다.

오른쪽의 엽서를 지금 즐겁게 해줄 이에게 엽서로 보내세요.

목사님 고마워요

부부 사이가 좋지 않던 이 집사는, 어느 주일 저녁예배를 혼자 갔다와서는 밤늦도록 아내를 열렬히 사랑해 주었다.
오랜만에 기분이 흡족해진 부인은 대견한 눈초리로 남편을 보며 물었다.
"당신 오늘 웬일이유?"
"……!"

다음 날 아침, 어젯밤 일이 필시 목사님의 설교에 영향을 받았으리라 짐작한 아내는 비싼 과일 바구니를 사들고 목사님을 찾아갔다.
"목사님, 어제 좋은 설교를 남편에게 해주셔서 감사합니다! 그런데 설교 내용이 '아내를 네 몸과 같이 사랑하라' 는 설교였나요?"

그러자 목사님은 고개를 설레설레 흔들면서 말했다.
"아닌데요. '원수를 사랑하라' 는 설교였는데요!"

예수님을 재판한 총독은 '본디오 빌라도' 이다?

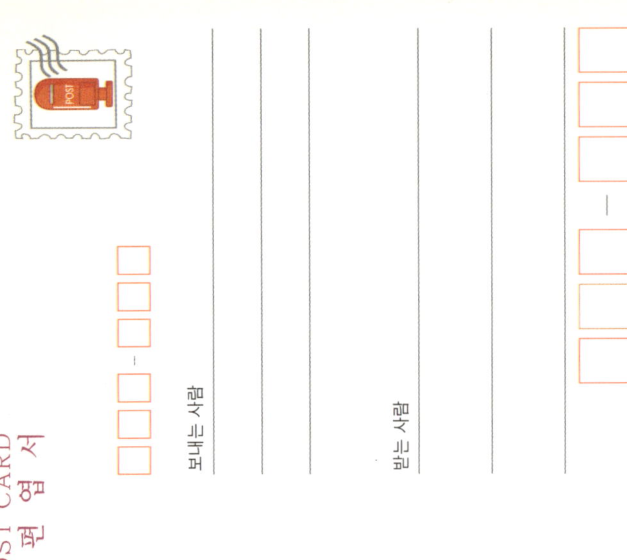

손님

여름날 새벽 한 강도가 남의 집에 침입하여 잠자던 주인을 깨워 칼로 위협하며 돈을 내 놓으라고 했다. 이 주인은 아동문학가 소파 방정환 선생(1899~1931)이었다. 방정환 선생은 3백 90환을 준 후 돌아서는 강도에게 "고맙다고 해야지 그냥 가는 법이 어디 있어?" 하고 말했다.

고맙다고 하면서 달아난 강도는 조금 후 경관에 의해 수갑이 채워진 채, 방정환 선생에게 끌려왔다. 방정환 선생은 경관에게 "그 사람은 강도가 아니다. 내가 돈을 주니 고맙다고 인사하고 간 손님이다. 어서 풀어달라!"고 한 후 평생 함께 생활했다.

크리스천으로서, 부자富者가 되려면 가장 먼저 어떤 능력能力과 덕목德目을 갖추어야 할까?

가룟 유다는 예수님을 은 '20개'에 팔았다?

× (30개/ 마27:3)

신약성경新約聖經

　예수 그리스도의 언행을 기록한 4권의 복음서(마태~요한)와 그 제자들의 전도행적에 관한 기록(사도행전)과 여러 사도들의 편지 및 예언서(계시록) 등 27권으로 되어있다. 이는 예수님이 하나님의 아들로서 이 세상에 태어나 죄에 빠져 타락한 인간들을 구원하기 위하여 십자가에 못 박혀 돌아가셨다가 부활하여 그리스도를 믿는 자들에게 영생을 주기로 약속하였다는 내용이다. 하나님이 구약성경에서 약속한 인류 구원을 신약성경에서 성취하였다고 볼 수 있다.

유머박사

커뮤니케이션(communition)

　커뮤니케이션은 교감交感을 말한다. 즉, TV같은 일방통행이 아닌 인터넷같은 쌍방통행인 것이다. 강아지가 앞발을 드는 것은 반가움의 표시이고, 고양이가 앞발을 드는 것은 공격자세이다. 그래서 개와 고양이는 영원히 사이가 좋을래야 좋을 수가 없다. 왜냐하면 같은 앞발인데도 서로 커뮤니케이션이 되지 않기 때문이다. 또 갑돌이와 갑순이는 한마을에 살았고, 서로 사랑했지만 결혼은 못했다. 왜냐하면 속으론 굴뚝같았는데 겉으론 안 그런척했기 때문이다. 이 또한 커뮤니케이션이 되지 않았다는 얘기다.

　유머의 화자話者나 청취자聽取者 사이도 마찬가지이다. 커뮤니케이션의 여부에 따라 유머의 강도와 흥미가 결정 난다.

◆ 오른쪽의 엽서를 지금 즐겁게 해줄 이에게 엽서로 보내세요.

공제

어느 장로님이 열심히 기도를 하고 있었다.

"하나님! 제발 복권으로 100억 원만 당첨되게 하여 주십시오. 만일 복권이 당첨되면 반드시 그 십분의 일은 가난한 사람들을 위해 기부하겠습니다. 하나님, 만일 저의 약속에 의심이 가신다면 십분의 일은 원천징수로 공제하시고 나머지만 주셔도 됩니다!"

가룟 유다는 예수님을 은 '20개'에 팔았다?

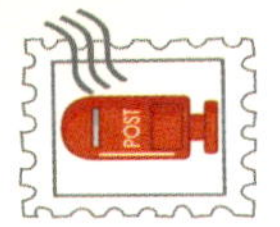

* OX퀴즈 정답은 보낸이에게 물어보세요! [솔로몬 유머] 종에서...

부자와 지혜로운 자

제자들이 랍비에게 물어 보았다.

"부자와 지혜로운 자 중 어느 쪽이 위대합니까?"

"그거야 지혜로운 자이지!"

한참 후에 제자들은 다시 물었다.

"그렇다면 부잣집엔 학자도 지혜로운 자도 많이 드나드는데, 어째서 지혜로운 자의 집엔 부자들이 드나들지 않는가요?"

랍비는 대답했다. "지혜로운 자는 돈도 필요하다는 걸 잘 알고 있지만, 부자는 돈만 알았지 지혜도 배워야만 한다는 것을 모르기 때문이야!"

돈은 지독한 주인이요, 우수한 종이다. – 제임스 모패트

장례절차의 매장埋葬과 화장火葬 중 어느 것이 더 성경적인 절차라고 말할 수 있는가?

예수님께서 숨을 거두자 성전의 휘장이 '아래에서부터 위까지' 찢어졌다.

(위에서 아래로 찢어졌다 마27:51, 막15:38) ×

화목제물和睦祭物

화목제물이라는 개념은 범죄한 인간이 하나님의 노여움을 푸는 특별한 보상을 말한다. 하나님은 죄를 지은 인간들이 하나님과 화목할 수 있는 길을 마련해주셨는데 구약시대엔 제사를 통해서, 신약시대엔 예수 그리스도의 십자가 사건을 통해서 이루어졌다(요1:29). 신약에서 말하는 하나님과의 화목은, 예수 그리스도의 죽음을 하나님께서 받아들임으로써 죄에 대한 의로운 진노를 푸는 것을 의미한다. 구약시대의 모든 제사는 예수 그리스도를 제물로 삼은 십자가로 완성되었다(요1:29, 벧전1:18-19).

유머박사

나이따라, 기호따라

엉뚱한 대답으로 우리에게 웃음을 주었던 '사오정시리즈'는 10대나 20대 초반이 즐겼다. 유치원 어린이는 주인공은 알아도 반응은 시큰둥하고, 노인대학에선 사오정이 누구냐고 되묻는다. 또 '만득이시리즈'와 '덩달이시리즈'도 있었고, '참새시리즈'와 '최불암시리즈'도 있었다. '만득이시리즈'는 무서운 귀신을 귀여운(?) 귀신으로 묘사했고, '덩달이시리즈'는 전혀 라이벌의식을 느낄 수 없는 캐릭터를 만들어 마음의 여유를 찾았다. 그리고 '참새시리즈는' 논리적 사고의 스트레스로부터의 해방을 찾았고, '최불암시리즈'는 기성세대로부터 받는 스트레스와 불만을 유머시리즈를 통해 날려보낸 것이다.

유머도 나이에 따라, 기호에 따라 소재의 선택을 해야 한다.

오른쪽의 엽서를 지금 즐겁게 해줄 이에게 엽서로 보내세요.

전기의자

큰 죄를 지어 전기의자에 앉아 죽게된 사형수에게 목사가 마지막 소원을 물었다.

목 사 : 마지막 소원은 무엇입니까?

사형수 : 어떠한 소원이든 다 들어줍니까?

목 사 : 예, 제가 할 수 있는 것이라면 무엇이든 들어드리겠습니다!

사형수 : 그럼 제가 죽을 때 목사님의 따뜻한 손으로 저를 꼭 잡아주세요. 그렇게만 해 주신다면 편안한 마음으로 죽을 수 있을 것 같아요!

예수님께서 숨을 거두자 성전의 휘장이 '아래에서부터 위까지' 찢어졌다.

사랑의 십자가

예수 그리스도의 십자가 사건은 우주 최대의 하나님과 사람 사이에 있었던 '러브 스토리(love story)' 다.

하나님은 사랑 자체이시고 예수님은 사랑의 화신, 성경은 사랑의 편지, 성령은 사랑의 영, 우리는 그 사랑의 삼위일체 속에 빨려 들어온 여인들이다.

성도의 기도는 사랑의 밀어, 전도는 사랑의 전달 또는 사랑의 중매, 찬송은 사랑의 노래, 그리고 십자가는 예수님께서 하나님과 나의 이름을 부르고 부르다가 죽은 곳, 예수님께서 한 손으로 내 손을 잡고, 또 한 손으로는 하나님 손을 붙잡고 사랑의 심장이 터진 것이 십자가 사건이다.

나를 위한 최후의 만찬을 앞두고 있다. 12명을 선택하여 최후의 만찬을 나눌 수 있다면 누구 누구를 초대할 건가? 그리고 만찬의 메뉴는 무엇으로 할건가?

예수님은 장사한지 '사흘만'에 부활하셨다?

(마27:63) ○ ◆

바리새인

BC 1세기~AD 1세기에 세력이 컸던 유대교의 일파—派로서 율법의 세세한 것까지도 철저히 지킨다는 형식적인 순수함을 근거로 해서 다른 사람들로부터 자신들을 우월적優越的 존재로 분리시켜 특수층으로 자처한 사람들이었다. 윤리의 측면에서 바리새파는 안식일을 엄격히 지킬 것과 십일조 등을 가르쳤지만 이들의 엄격함과 의식적인 가르침은 때때로 참된 신앙심을 깨뜨리는 형식주의에 빠지기도 하였다. 그래서 세례 요한이나 예수님의 비난의 대상이 되었다.

유머박사

익숙한 것과의 결별

호기심이 자극 받거나 시선을 빼앗기게 되는 것은 의외의 상황을 만났을 때이다. 이 의외의 상황은 유머와도 연결이 되는데, 의외의 상황을 만들기 위한 방법으로는 고정관념으로부터의 탈출에 성공해야 한다.

예를 들어 첫 단추를 목에서부터 끼웠으면 배꼽부터 끼워보고, 버스를 타고 출퇴근을 했으면 지하철로 출퇴근을 하고, 목적지 정류장에서 두 세 정류장 전에 내려서 버스로 가던 길을 걸어가 보고, 집으로 가는 골목길을 바꾸어 본다면, 전혀 새로운 상황과 호기심을 자극하는 일들을 많이 만나게 될 것이다. 이렇게 익숙한 것과의 결별을 한다면 유머감각과 생활 속의 활력을 얻을 수 있다.

◆ 오른쪽의 엽서를 지금 즐겁게 해줄 이에게 엽서로 보내세요.

첫날밤

노총각인 노 집사가 중매로 결혼하게 되었다.
그러나 많은 친구들의 축복을 받은 그는 즐거운 표정이 아니었다.
"왜 그러나? 무슨 걱정이라도 있나?"

친구들의 물음에 노총각 신랑은 엉뚱한 걱정을 하고 있었다.

"결혼을 했지만 막상 첫날밤을 어떻게 보내는 건지 알 수가 없어서…"

"이 사람 별 걱정 다하네. 저기 지붕 위의 비둘기들을 보게. 두 마리가 사랑을 나누고 있지 않은가. 또 이쪽 지붕 위에서도 고양이가 사랑에 빠져 있고 말이야. 자네도 저렇게 하면 되는 걸세!"

며칠이 지난 뒤 어두운 표정으로 나타난 새 신랑이 말했다.
"아내가 지붕에서 떨어져 크게 다쳤지 뭐야 ~ !"

예수님은 장사한지 '사흘만'에 부활하셨다?

핵폭탄보다 무서운 위력

　현대의 무기 중 가장 강력하고 무서운 것으로 꼽히는 것은 단연 핵폭탄이다. 이 핵폭탄이 무시무시한 이유는, 다른 폭탄은 그 폭발로 인한 피해나, 파편으로 인한 상해로 그치는 데 비해, 핵폭탄은 네 번에 걸쳐 피해를 입는다는 점이다. 먼저 폭발로 인한 피해가 있고, 다음에는 폭발 시 엄청난 고열을 발생시켜 주변을 순식간에 잿더미로 만들거나 녹여버린다. 그리고 핵 폭풍이 발생해 사방 수십 킬로미터 지표면에 있는 모든 물체를 파괴한다. 그러나 무엇보다도 무서운 것은 이 모든 파괴가 지난 후에도 방사능 낙진에 오염되어 수십 년 간 그 지역을 황폐화 시킨다는 데 있다.

　예수님의 오심은 단지 병 고침과 오천 명을 먹이심에 그치지 않고, 인류 최대 문제인 죄의 문제를 해결해 주셨다는 데 더 큰 의의가 있다.

　그러나 더 놀라운 사실은 그 효력이 예수님께서 오신 동시대 뿐 아니라 인류의 마지막 날까지 계속 된다는 데서 핵폭탄보다 더 큰사랑의 위력을 느낄 수 있다.

예수님의 재림을 준비하는 가장 좋은 방법은 어떤 것일까? 또 나는 어디에서 어떤 모습으로 재림을 맞이하고 싶은가?

돌무덤에서 예수님이 부활한 후 무덤을 지키던 군인들은 천사를 보고 '무서워 도망' 갔다?

(기절했다 / 마28:2~4) × 

사두개인

바리새파派의 대항자로서 잘 알려져 있는데, 기록된 율법만을 받아들여 모세 율법의 자구字句를 고집하여 바리새인人들이 중시하는 구전口傳된 법法을 인정하지 않았다. 교의적敎義的으로는 영혼의 불멸이나 육체의 부활 및 천사와 영적 존재를 믿지 않았고(눅20:17, 행 23:18), 오직 부유한 평안만을 누리고자 하였다. 실제로 사제司祭를 포함한 귀족적이고 부유하며 높은 계급의 지위에 있던(행4:1, 5:17) 이 파는 로마인의 지배까지도 평화와 복지를 가져오는 것이라고 하여 환영하였다.

유머박사

심의, 식의, 약의, 사의

동의보감東醫寶鑑엔 네 종류의 의사들이 나타나 있다.
① 마음의 안정과 신념을 바탕으로 치료하는 심의心醫
② 먹는 것攝生을 선별하고 조절하여 질병을 다스리는 식의食醫
③ 진단 후 약으로 처방하는 약의藥醫
④ 가짜 약을 명약名藥이라 속여(선의의 거짓말) 처방하는 사의蛇醫이다.

이들 네 종류의 의사 중 명의名醫는 당연히 심의이다. 왜냐하면 마음이 편하면 만사가 편하고, 마음이 꼬이면 만사가 꼬이기 때문이다. 유머 감각이 풍부한 사람은 마음의 변비를 치료해 주기 때문에 심의心醫에 해당하고, 명의인 셈이다. 당신을 명의로 임명합니다~!

● 오른쪽의 엽서를 지금 즐겁게 해줄 이에게 엽서로 보내세요.

점 수

덩달이는 공부는 안하고 100점 맞게 해달라고 기도만 했다.
시험지를 받아 봤는데 예상대로 아는 문제가 하나도 없었다.
그래서 답안지에 이렇게 썼다.

"하나님은 이 모든 답을 다 아십니다."

나중에 채점을 한 답안지를 돌려 받았는데,

"하나님은 100점, 너는 0점!"

돌무덤에서 예수님이 부활한 후 무덤을 지키던 군인들은 천사를 보고 '무서워 도망' 갔다?

POST CARD
우 편 엽 서

받는 사람

보내는 사람

왜 준비 안 하십니까?

어느 아이가 주일학교 시간에 하늘나라에 대한 이야기를 듣고 마음이 설레기 시작했습니다. 아이는 집으로 돌아와서 엄마에게 말했습니다. "엄마. 하나님이 우리를 위해서 하늘나라를 준비하셨다는 것을 오늘 배웠어요. 하늘나라는 참으로 아름답고 좋은 곳이래요!" 듣고 있던 엄마는 아이의 말이 맞다는 듯 머리를 쓰다듬어 주며 칭찬을 해 주었습니다. 아이는 다시 엄마에게 말했습니다.

"엄마, 엄마는 다른 여행준비는 언제나 철저하게 준비하시면서 그 아름다운 하늘나라 여행을 위해서는 왜 준비를 하지 않으세요?"

크리스천으로서, 성숙하지 못했던 나의 과거 중 마음에 들지 않는 1년을 다시 살 수 있다면, 어느 해를 어떻게 살 건가?

예수님께서 무화과나무를 저주하신 이유는 잎사귀만 무성하고 '열매가 없었기 때문' 이다? (막11:13~14) ○

신앙훈련信仰訓練

우리 모두 뛸 수는 있지만 전부 육상선수가 될 수는 없다. 선수는 특별히 훈련을 받아야 한다. 그 중에서도 금메달은 누가 따느냐는 것은 연습량이 말을 해준다. 프로선수가 되려면 밤낮 없이 훈련을 해야 하듯이 성숙한 크리스천이 되려면 역시 모든 집회에 기꺼이 참석하여 교육을 받고 훈련을 쌓아야 한다. 그러나 그 훈련 자체가 교육적이지 않고 감정적인 것이라면 오락실에 드나드는 것과 다를 바가 없다. 따라서 허탈한 소리로 성도들의 감정만을 흥분시키는 집회나 교육에는 참석할 필요가 없다.

유머박사

21세기의 P·R(Public Relation)

한 때 P·R 을 '피할 것은 피하고 알릴 것은 알린다!'는 센스 있는 해석을 했었다. 그러나 21세기의 P·R 은 'Personal Recreation' 즉 새로운 자기가치 창조이다. 스스로 자신을 혁신하고 개발하지 않으면 더 이상 P·R 할 것이 없다는 것이다. 남들은 스포츠카 타고 '씽! 씽!' 달리는고 있는데 자신만 달구지 타고 '이랴! 낄낄!' 하고 따라가는 격이다. 한동안 우리의 사정이 몹시 어려울 때, 자동차 뒷 유리에 '다시 뛰자!' '허리띠를 졸라매자!' 라는 스티커를 붙이고 다녔다. 그러나 21세기에선 이런 것들은 통하지 않는다. 지금은 디지털 시대이고 정보사회다. 다시 뛰기보다는 새롭게 뛰어야 하고, 허리띠를 졸라매기보다는 머리띠를 졸라매야 한다. 21세기의 P·R 을 위해, 새로운 자기 혁신을 위해 유머 감각을 키우자!

◐ 오른쪽의 엽서를 지금 즐겁게 해줄 이에게 엽서로 보내세요.

천국에서 놀랄 일

농담을 좋아하는 집사가 목사님께 물었다.

"목사님! 천국에 가면 세 번 놀란다는 데, 그 말 들어보셨나요?"

목사님이 퉁명스럽게 대꾸했다.

"그건 나도 알아!"

"뭔데요?"

"어! 내가 왔네. 어! 너도 왔네. 어! 그 목사님이 안 왔네. 그거 아닌가?!"

예수님께서 무화과나무를 저주하신 이유는 잎사귀만 무성하고 '열매가 없었기 때문' 이다?

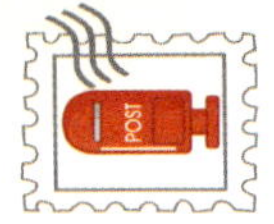

믿음이라는 줄

한 소년이 연을 날리고 있었다. 그런데 연이 너무 높이 올라가는 바람에 보이지 않았다. 그러나 소년은 연 타래에 묶인 실을 보고 연이 머리 위에 있다는 것을 알 수 있었다. 지나가던 사람이 소년을 쳐다보며 "연이 어디 있는지 안 보이는 구나?"라고 물었다. 소년이 대답했다.

"그러면 이 줄을 잡아 보세요. 팽팽하잖아요. 연은 보이지 않지만 제 머리 위쪽에서 푸른 하늘에 날고 있어요. 줄을 통해 그것을 알 수 있어요!"

우리는 보이지 않지만 우리를 지키고 복을 내려 주시는 하나님이 분명히 계심을 안다. 우리의 연줄은 믿음이다. '믿음은 바라는 것들의 실상이요 보지 못하는 것들의 증거니' (히브리서 11:1).

하나님께서 다른 사람이 가지고 있지 않은 특별한 재능을 한가지 주신다면 어떤 것을 받고 싶으며, 그 재능을 가지고 어떤 일에 활용하고 싶은가?

마리아에게 예수님의 잉태를 전해준 천사는 '가브리엘'이다?

○ (녹 1:26)

백부장百部長

구약성경의 재판관 또는 로마 군대 조직에서 100명(대략)의 군대를 거느린 지휘관이다. 신분은 하사관으로, 장교의 계급으로 승진하는 것은 어려운 일이었다. 신약성경에 로마군사 제도에 의한 백부장의 인용이 있는 것은 당시 팔레스타인이 로마의 지배 아래에 있는 것을 반영한다. 신약성경에 다섯 명의 백부장이 나오며, 또한 성경에는 10명을 거느릴 수 있는 십부장, 50명을 거느릴 수 있는 오십부장, 1,000명을 거느릴 수 있는 천부장이 나오는데 이 사람들은 확실히 군사적 지도자로 여겨진다.

유머박사

스피드 스피치

안면 근육을 잘 사용하지 않아 굳어있으면 당연히 대화에 장애가 나타나고 유머의 강도도 떨어지게 된다. 이는 어려운 말을 빨리 하는 '스피드 스피치'를 반복해서 훈련을 하면 해결된다. 이 때 볼펜을 어금니까지 밀어 넣어 물고 하면 효과는 배가된다.
① "이 콩깍지는 깐 콩깍지냐? 안 깐 콩깍지냐?"
② "저기 저 말뚝은 말 맬 말뚝이냐? 말 못 맬 말뚝이냐?"
③ "경찰청 경!, 경찰청 찰!, 경찰청 청!, 경찰청 경찰!, 경찰청 찰청!, 경찰청 경찰청!"
스피디한 단어의 전개는 청취자로 하여금 딴 생각이 들지 못하게 하는 강점이 있지만, 실수를 하면 수습하기가 매우 어려운 약점도 있다. 충분히 연습해야 한다.

◗ 오른쪽의 엽서를 지금 즐겁게 해줄 이에게 엽서로 보내세요.

따질것을 따져야지

어떤 사람이 식당에 들어가 소고기 덮밥을 주문했다.
그런데 나온 음식을 보니 소고기가 전혀 보이지 않았다.

기분이 상한 그 손님이?
"여보, 주인 양반. 소고기 덮밥에 소고기가 하나도 보이지 않으니 어찌된 거요?"라고 따졌다.

그러자 주인 왈
"손님도 참. 아니 '천사의 집'이라고 이름 붙인 집에 가면 천사가 삽니까?"

마리아에게 예수님의 잉태를 전해준 천사는 '가브리엘'이다?

마지막 감사의 말

독일에서 한 중년의 성도가 대학병원에서 암 때문에 혀를 절단하는 수술을 받게 되었다. 마취 주사를 손에든 의사가 잠시 머뭇거리며,

"마지막 남길 말씀은 없습니까?"라고 했다. 글로 쓸 수는 있겠지만 혀를 사용하는 언어로는 마지막이었기 때문이다. 간호원, 조수, 견습의사들... 둘러선 사람들의 표정과 분위기는 심각했고 잠시 침묵과 긴장의 시간이 흐르고 있었다. 드디어 입이 움직이며, 두 눈엔 두 줄기 눈물이 흐르더니,

"주 예수님, 감사합니다!"라고 세 번 되풀이했다.

이것은 사랑하는 사람끼리만 아는 밀어인 것이다.

우리교회가 5년, 또는 10년 뒤에 꼭 해야 할 일이 있다면 어떤 일들이 있을까?

세례 요한은 예수님보다 '여섯 달' 먼저 태어났다?

○ (눅1:36)

새 언약言約

구약의 옛 계약에 대하여 예수 그리스도에 의해 실현된 언약이다. 하나님은 이스라엘 백성과 언약을 맺었으나(렘7:23) 그들은 언약을 깨뜨리고 하나님의 율법을 무시함으로써(렘7:23~26) 옛 언약은 파기되었다. 그래서 하나님은 예수 그리스도의 속죄를 통해 새 언약을 다시 맺었는데 이것이 복음이며, 그리스도의 십자가의 피로 말미암아 이룩된 하나님의 은혜이다. 그래서 그리스도 예수 안에 있는 사람은 새 언약과 그 약속 아래 살고 있는 것이다. 새 언약의 특징은 영원하고, 화평케 하며 생명과 평강을 가져온다.

유머박사

명상훈련

올림픽의 금메달이나 챔피언의 영광은 그 뒤에 숨은 선수의 피나는 훈련과 노력을 말해준다. 보약을 많이 먹었다고 해서 금메달을 따거나 챔피언이 되는 것이 아니다. 마찬가지로 유머 감각도 하나의 기능이기 때문에 많은 훈련과 연습량이 필요하다. 차범근 감독은 현역 선수 시절에 다음과 같은 말을 했다. "내가 축구를 할 때는 열심히 축구공을 찼고, 휴식을 취할 때는 축구에 관한 생각을 했다." 대단한 축구 매니아다. 마찬가지로 유머를 잘 하고 싶은 사람은 휴식할 때나 명상할 때도 유머에 대한 생각을 하길 바란다. 명상훈련은 실제훈련의 강한 동기유발이 되고, 실제훈련에서 얻어지지 못하는 섬세한 것까지 챙기는 장점이 있다. '멍'하니 있지 말고 유머의 명상훈련이 어떨지?

오른쪽의 엽서를 지금 즐겁게 해줄 이에게 엽서로 보내세요.

천 벌?

골프의 재미에 푹 빠진 목사가 있었다.
구름 한 점 없이 화창하고 맑은 주일이었다. 목사는 갈등하다 결국 교회에 몸이 아파 못 간다는 전화를 하고 골프장으로 향했다. 이를 본 천사가 하나님에게 말했다.
"저 목사, 혼 좀 내줘야 하지 않을까요?"

하나님은 고개를 끄덕였다.
목사는 1번 홀에서 힘차게 스윙했다. 볼은 무려 350야드를 날아가 그린 위에 떨어진 뒤 홀 컵으로 들어갔다. '홀 인 원'이 된 것이다.

목사는 흥분했다. 천사도 충격을 받았다.
"하나님! 이것은 뭔가 잘못된 것 같네요. 벌을 주셔야 하는 것 아닌가요?"

하나님은 미소를 지으며 천사에게 말했다.
"한번 생각해 봐라! 목사가 이 일을 누구에게 자랑하겠니?"

세례 요한은 예수님보다 '여섯 달' 먼저 태어났다?

때묻은 종이 한 장

　구한 말과 일제시대의 민족 지도자로 일했던 이상재는 당시 서재 필이나 이승만으로부터 예수님을 믿으라는 권유를 여러 차례 받았으나 번번이 거절하였다. 그 후 독립 운동을 하다가 감옥에 갇혀 고달픈 나날을 보내고 있던 어느 날, 그는 우연찮게 감방 마루 틈새에 끼어 있는 때묻은 종이 한 장을 발견했다. 거기에는 "또 눈은 눈으로, 이는 이로 갚으라 하였다는 것을 너희가 들었으나 나는 너희에게 이르노니 악한 자를 대적지 말라 누구든지 네 오른편 뺨을 치거든 왼편도 돌려 대며(마태복음 5:38, 39)"라는 말씀이 기록되어 있었다. 당시 그는 일제에 항거하다 감옥에 갇힌 몸이라 그 뜻이 도무지 납득이 가질 않았지만, 점차 그의 마음 속 깊은 곳에서 그 말씀이 휘몰아쳐 회개하고 예수님을 믿게 되었다는 것이다.

하나님께서 마음에 들지 않는 나의 성격 하나를 고쳐주신다면, 어떤 것을 고치고 싶은가?

먼 나라로 가서 방탕한 생활을 하다가 재산을 모두 날려버리고 돌아온 탕자는 '큰아들'이다?

(정답 이름/ 녹가 15:12) × ⟲

새 예루살렘

　하늘에서 내려오는 것으로 성경에 언급된 하나님의 도성이다. 구원받은 성도들의 공동체를 의미하는 동시에 그들이 거할 하나님 나라의 새로운 처소를 이중적으로 의미한다. 구약성경의 선민 이스라엘의 공동체 또는 수도를 뜻하던 예루살렘은 바로 새 예루살렘의 모형이었다(사2:2~3). 그곳의 특징은 사망과 애통함, 아픈 것이 없고 죄와 악인이 없으며, 하나님께서 친히 백성과 함께 거한다는 점이다. 요한계시록에는 새 예루살렘이 두 번 기록되어 있다. (계 3:12)

유머박사

유머와 신경통

　각종 신경통, 류머티스로 고생하는 사람들도 웃고 있을 때는 아픔을 전혀 느끼지 못한다. 왜 그럴까? 그것은 웃을 때 만들어지는 '엔도르핀' 때문이다. 더 정확히 말하면 사람이 웃을 때는 '탈라무스'(뇌량腦粱에서 약 2.5㎝ 아래 있음)라는 곳에서 '베타 엔도르핀(일반적으로 엔도르핀이라 함)'이라는 뇌 호르몬 물질이 분비되는데, 이 엔도르핀의 친구인 '엔케팔린'이 몰핀의 약 300~500배의 진통효과를 갖고 있어 통증을 모르게 하기 때문이다. '엔도르핀' 1cc를 추출해서 주사로 맞으려면 비용이 약 300만 원 정도 들어간다. 하지만 이러한 고액의 물질도 웃기만 하면 공짜로 생긴다. 눈물이 찔끔 나올 정도로 웃었다면 대략 50만 원어치 웃은 셈이 되고, 배가 아플 정도로 웃었다면 100만 원어치 웃은 셈이 된다.
　꿩 먹고 알 먹고, 누이 좋고 매부 좋고...

⟲ 오른쪽의 엽서를 지금 즐겁게 해줄 이에게 엽서로 보내세요.

기도의 목적

어느 과부가 적적함을 달래려고 '봅'이라는 수놈 앵무새 한 마리를 사들였다. 그런데 새가 썩 좋긴 했지만 예전에 기르던 주인이 교양이 없었던지, 천박스런 소리가 이 앵무새의 입에 오르내렸다. 그래서 과부는 목사님에게 이 일을 가지고 의논을 하였다. 목사는 아주 귀가 솔깃한 말을 해 주었다.

"우리 집에도 앵무새를 한 마리 기르고 있습니다. '사라'라는 암놈인데, 앵무새이긴 하지만 매우 신앙심이 두터워 언제든지 기도하는 말만 계속합니다. 다음 번 제가 댁을 방문할 때에 '사라'를 데리고 가겠습니다. 잠깐 함께 두면, '봅'도 '사라'의 종교적인 분위기에 감화돼서 천박스런 말을 잊어버리게 될 겁니다."

며칠 후, 목사는 '사라'를 과부의 집으로 들고 왔다. '사라'를 '봅'의 새장 속에 넣어주자, 두 마리의 앵무새는 잠깐 서로 눈치를 보더니 잠시 후 '봅'이 그 천박스런 소리로 이렇게 말했다.

"키스해주세요!"
그러자 '사라'가 기쁜 듯이 외쳤다.
"오! 주께서 내 기도에 응답하였도다! ! !"

 퀴즈

먼 나라로 가서 방탕한 생활을 하다가 재산을 모두 날려버리고 돌아온 탕자는 '큰아들'이다?

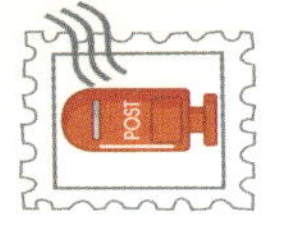

빈자리가 없었으면

알코올 중독자가 회개하고 주께로 돌아와 하나님의 도우심으로 술을 끊게 되었다. 그러나 신앙생활을 잘하는 것은 결코 쉬운 일이 아니었다.

어느 날 술집 앞을 지나가면서 윈도우에 진열된 술병들을 보고, 마시고 싶은 충동을 참을 수 없었다. 마침 그때 반대편 우유 상점 윈도우의 '25센트만 내고 마음대로 마실 수 있는 우유!'라고 적혀있는 간판을 보게 되었다. 그는 즉시 우유상점에 뛰어들어가 양껏 마시고, 우유 상점을 나와 술집을 지날 때 더 이상 유혹을 받지 않았다. 그것은 우유를 실컷 마셨기 때문에 술이 따로 들어갈 자리가 없었기 때문이다.

당신이 성령과 하나님의 것으로 가득 채워진다면 세상의 유혹들이 당신의 마음과 생활에 들어갈 자리가 없게 된다. 나의 속은 무엇으로 가득 차 있나?

지하철 승강장 반대편에 서 있는 사람에게 "하나님은 당신을 사랑하십니다!"라는 신호를 보내려고 한다. 어떤 방법이 좋을까?

예수님께서 부활하신 후 맨 처음 보인 사람은 '베드로'였다?

(막달라 마리아 / 막 16:9) × ⭕

주일성수 主日聖守

신약시대부터 교회에서는 유대인의 안식일 대신에 주일을 지켰다. 바울과 드로아의 성도들은 안식일 후 첫날에 떡을 떼려고 모였으며(행20:7), 바울은 고린도의 성도들에게 이 날에는 일을 하지말고 쉬라고 하였다(고전16:2). 안식일 대신 주일을 지키게 된 것은, 예수 그리스도의 부활을 기념하기 위한 것이다. 하나님께서도 천지를 창조하고 7일째 되는 날은 쉬면서 본을 보였으므로, 주일은 예배와 휴식을 위하여 사람에게 준 축복의 날이다.

유머박사

가족과의 유머

살아가는 동안 격려와 칭찬을 가장 많이 받는 곳은 가정이다. 반면에 살아가면서 가장 환영받지 못하고 인정받지 못하는 곳도 가정이다. 왜냐하면 누구보다 서로의 성격을 잘 알고있기에, 누구보다 많은 시간을 함께 보냈기에...

유머 훈련장으로 가장 좋은 곳은 가정이다. 왜냐하면 성공하면 성공이고 실패해도 지위나 체면에 손상이 가지 않기 때문이다. 그리고 가족을 웃길 수 있으면 타인을 웃길 수 있는 확률은 100%이다. 왜냐하면, 가족은 자신에 대해 속속들이 알고 있고 또 어지간한 유머 강도로는 잘 웃지 않는 대상이기 때문이다. 그리고 가족은 '동정표'나 '핸디'를 잡아주지 않는 엄격한 심사위원이기 때문이다.

⭕ 오른쪽의 엽서를 지금 즐겁게 해줄 이에게 엽서로 보내세요.

모델하우스

어떤 악질 건설업자 한 사람이 죽어서 심판대 앞으로 가게 되었다. 심판관은 천국과 지옥을 보여 주면서 가고 싶은 곳을 택하라고 했다.

지옥은 그가 지금껏 상상하고 있었던 것과는 많이 달랐다.

사람들 모두가 춤추고 즐거워하는 것 같았고 반면 천국은 조용하기만 한 것이 사람들이 하루종일 기도만 하고 너무 재미없을 것 같았다.

그래서 그는 지옥을 선택했고 심판관은 그를 지옥으로 보냈다. 그런데 이게 웬일, 이것은 아까 본 지옥과 달리 사람들이 너무나 고통스러운 얼굴을 하고 이었다. 그는 심판관에게 따졌다.

"아니, 이게 어떻게 된 일이오? 아까 본 것과는 다르지 않소?"

그러자 심판관의 말,
"임마! 아까 그건 모델 하우스였어!!!"

 퀴즈

예수님께서 부활하신 후 맨 처음 보인 사람은 '베드로'였다?

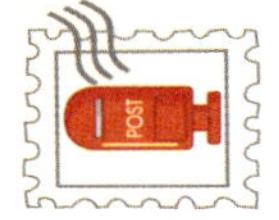

POST CARD
우편엽서

받는사람

보내는사람

도마뱀의 우정

일본 도쿄 올림픽을 앞두고 건설업자들이 스타디움 치장을 위해 지은 지 3년 된 집을 헐게 되었다. 이때 인부들이 지붕을 뜯다가 몸 안쪽에 못이 박힌 채 벽에서 움직이지도 못하고 있는 살아 있는 도마뱀을 발견하고, 집 주인을 불러 이 못을 언제 박았느냐 물었다. 집 주인은 "3년 전에 박았습니다."하고 대답했다. 그렇다면 못이 박힌 채 3년을 살았다는 말...

사람들은 신기해서 공사를 잠시 중단하고 그 도마뱀을 지켜보았다. 그랬더니 다른 도마뱀 한 마리가 먹이를 물고 와 먹여 주는 것이 아닌가. 그러니까 친구의 도움으로 이 도마뱀은 3년을 살아가고 있었던 것이다. 도마뱀도 이렇게 사는데...

순교를 각오하고 떠나는 선교사를 위해 한 가지 선물한다면 무엇이 가장 좋은 선물이 될까? 또 그 이유는?

종려주일에 예수님께서 예루살렘에 입성하실 때 타고 간 나귀는 '어미나귀'였다?

(새끼나귀/ 눅 19:30) × ⊙

찬양讚揚

하나님을 높이거나 존경하는 데 쓰이는 말이나 행위를 뜻하는데, 찬송은 찬양의 한 형태이다. 시편은 찬양으로 가득 차 있으며, 찬양의 대상은 하나님의 이름이다. 또 찬양 받을 대상은 어린 양 예수 그리스도이다. "큰 음성으로 가로되 죽임을 당하신 어린양이 능력과 부와 지혜와 힘과 존귀와 영광과 찬송을 받으시기에 합당하도다 하더라(계 5:12)"라고 기록되어 있다. 찬양의 이유는 하나님이 인자하시기 때문이고(시63:3~6), 찬양은 하나님의 성도들과 모든 하나님의 피조물들이 행해야 한다.

유머박사

비용과 효용

효용效用이 비용費用을 앞서면 이익利益이 발생하고, 비용이 효용을 앞서면 손실損失이 발생한다. 사람은 좀더 나은 환경과 자신을 만들기 위해 투자하고 공부하며, 하루에도 수백 번씩 계산기를 두드린다. 효용가치와 이익을 따지기 때문이다.

유머 감각을 키우기 위해 유머러스한 사람과의 만남을 자주 갖는 것은, 유머 감각 향상에 큰 도움이 된다. 쌀집 개의 털은 하얗고, 연탄집 개의 털은 까맣다. 둘 다 환경에 의한 결과이다. 마찬가지로 유머 감각이 있는 사람과 대화를 하다보면 자신도 몰라보게 유머 감각이 좋아진다. 유머 감각이 있는 사람을 만나면 비용이야 들겠지만 그래도 돈으로 따질 수 없는 효용이 더 크다. 고액 과외(?) 수업을 받는 것이다.

⊙ 오른쪽의 엽서를 지금 즐겁게 해줄 이에게 엽서로 보내세요.

아직도 일요일

어느 무더운 여름날, 교회에서 목사님의 설교가 끝도 없이 지루하게 계속되고 있었다. 사람들은 거의 졸다시피 하며 설교가 빨리 끝나기만을 기다리고 있었다. 그때 뒤쪽에서 잠에서 덜 깬 어린아이의 목소리가 들려왔다.

"엄마! 아직도 일요일이야?"

종려주일에 예수님께서 예루살렘에 입성하실 때 타고 간 나귀는 '어미나귀'였다?

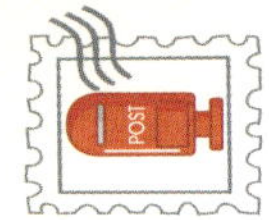

POST CARD
우편엽서

지극히 사랑하는 사람

유세비어스 교회사에서 보면 열 두 제자의 순교일지는 다음과 같다.

① 베드로는 로마에 가서 전도하다가 십자가에 거꾸로 못 박힘 당했다.

② 안드레는 헬라에 가서 전도하다가 X형 십자가에 줄로 매달려 죽임을 당했다.

③ 야고보는 예루살렘에서 헤롯에게 칼로 목베어 죽임 당했다.

④ 요한은 핍박을 받으면서도 묵시를 받아 쓴 후 자기 수명대로 살다죽었다.

⑤ 빌립은 소아시아 부르기아에 가서 전도하다가 기둥에 매달려 죽임 당했다.

⑥ 바돌로매는 알메니아에 가서 전도하다가 십자가에 거꾸로 매달려 죽임 당했다.

⑦ 도마는 인도에 가서 전도하다가 창에 맞아 죽었다.

⑧ 마태는 에티오피아에 가서 전도하다가 목 베임을 당했다.

⑨ 알패오의 아들 야곱은 성전 꼭대기에서 떨어뜨려져 죽임 당했다.

⑩ 시몬은 애굽에 가서 전도하고 유대에 돌아와 전도하다가 활에 맞아죽었다.

⑪ 야곱의 동생 유다는 파사에 가서 전도하다가 활에 맞아 죽었다.

⑫ 가룟 유다를 대신한 맛디아는 에티오피아에 가서 전도하다가 돌에 맞아 죽었다.

　　하나님은 그의 지극히 사랑하는 사람들에게 지극히 어려운 길을 걷게 하셨다.

만약 당신이 하나님께 상장을 받는 다면 어떠한 내용으로 어떤 상을 받고 싶나?

예수님께서 십자가에 달렸을 때, 구원을 받은 강도는 '오른쪽 강도'였다?

(방향이 없다/ 눅23:39~43) ×

십자가+字架

옛날 중동과 서양에서 사용된 '+'자 꼴의 사형집행 틀이다. 흉악범이나 정치범에게 한정되어 집행한 처형방법으로 주변 사람들에게 전시하는 효과를 노린 형벌인데, 이 형틀에 의해 예수님께서 인류의 죄를 대속代贖하고자 달리셨고 오늘날 기독교의 상징이 되었다. 예수님께서 십자가 위에서 돌아가심은 솔선수범率先垂範하여 모범을 보이신 희생이 아니라, 우리의 죄를 친히 담당하셨음을 뜻한다. 십자가 자체는 구원의 능력이 없다. 만약 십자가 자체를 신성시한다면 이것 또한 우상숭배로 빠질 수 있다.

유머박사

인터넷

컴퓨터라는 '미디어 매체'로 인해 달나라가 이웃나라가 되고, 지구가 하나로 묶여 광속光速정보를 주고받는 시대가 열렸다. 대략 미디어는 5단계로 구분한다.
① 구전口傳 시대 　② 지면紙面 시대 　③ 전파電波 시대
④ 이벤트(event) 시대 　　　　　⑤ 멀티미디어 시대

컴퓨터를 통한 정보통신은 멀티미디어 시대에 해당한다. 이 시대의 강점은 짧은 시간에 많은 정보를 주고받을 수 있다는 것이다. 인터넷을 사용할 줄 아는 사람은 정보의 바다에서 자신이 원하는 정보를 얼마든지 손쉽게 넣을 수 있고, 최신 유머에 대한 정보를 적은 비용으로 많이 챙길 수 있다. '컴맹'을 탈출하면 '유머치(?)'를 탈출할 수 있다.

오른쪽의 엽서를 지금 즐겁게 해줄 이에게 엽서로 보내세요.

엽기 명언

어느 날 절에서 중대한 안건을 놓고 설왕설래를 하다가 한 스님이 고뇌 끝에 한 마디 내뱉었다.

"알았어, 그만들 하라구! 내가 십자가를 질게!???"

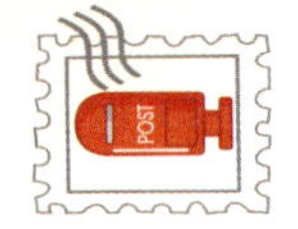

기도문

그 얼마나 아프셨을까? 가시 면류관 쓰실 때...

그 얼마나 상하셨을까? 우리 주님의 마음이...

그 얼마나 아프셨을까? 양 손에 못 박히실 때...

그 얼마나 생각하셨을까? 우리 하나님이 예수님을...

그 얼마나 아프셨을까? 허리를 창에 찔리셨을 때...

그 얼마나 생각하셨을까? 예수님이 하나님을...

그 얼마나 상하셨을까? 피와 물을 흘리실 때...

그 얼마나 생각하셨을까? 예수님이 우리를...

새 신자 친구에게 기념이 될만한 선물 한 가지를 한다면, 성경책을 제외하고 무엇을 선물하고 싶으며, 선물카드에 쓰고싶은 말은?

예수님은 엠마오로 가는 제자들을 만나 대화를 나누었는데 엠마오로 가는 제자는 '세 사람' 이었다.

(눅 사람/ 녹24:13) × ⓞ

아가페

　유일한 사랑의 표현으로서, 절대적이고 이타적인 사랑을 말한다. 예수님께서 말씀하신 '사랑의 하나님'은 인류에 대한 무조건적이고 일방적이며 절대적인 사랑을 가리키는 말이다. '에로스'가 자기본위의 사랑이라면 '아가페'는 타인본위의 기독교적 사랑을 나타내는 말이다. 3~4세기경 기독교도들이 형제적인 결합과 사랑을 표하며 가난한 자 특히 미망인을 대접하기 위하여 각 가정에서 베풀던 만찬晩餐, 애찬愛餐의 뜻도 있다. '아가페'는 '에로스'와 구별되는, 하나님만이 하실 수 있는 사랑이다(요일4:8).

유머박사

만화와 신문

　만화와 신문의 장점은 TV와는 다르게 보고 또 볼 수 있다는 것이다. 즉, 자료정리를 해 두면 언제고 자신이 원하는 내용을 손쉽게 찾아 다시 확인할 수 있다는 것이다. 따라서 재미있는 만화책과 신문의 만화, 컷, 카툰(만평) 등은 생활 속의 유머 교재이며 특히 4칸 짜리 만평은 풍자의 정점에 있는 작품(?)들이다. 만화에서 전개되는 절제된 단어와 압축된 어휘력 그리고 이야기를 풀어나기는 방식 등은 감탄을 금치 못하게 한다. 신문에 실려있는 사설이나, 유명인사가 한 짧은 말들은 풍자諷刺하기에 아주 좋은 자료가 된다. 그렇기 때문에 항시 신문과 만화를 소홀히 취급하지 않고 스크랩을 하는 사람은, 그것이 좋은 유머 밑천이라는 것을 아는 사람이다. "아는 사람은 안다!"

ⓞ 오른쪽의 엽서를 지금 즐겁게 해줄 이에게 엽서로 보내세요.

반대쪽

어느 교인이 혼자서 성지순례 여행을 떠나 거리를 걷고 있었다. 저쪽에서 마차가 왔으므로 마차를 세워 물어보았다.

"여기서 베들레헴까지 가는데 얼마나 걸립니까?"
"아마, 반시간 정도는 걸릴 겁니다."
"미안하지만 좀 태워줄 수 있겠습니까?"
"좋습니다. 타세요."
"감사합니다."

반시간이 지나도 베들레헴이 보이지 않자 교인은 불안하게 되었다.

"베들레헴까지는 아직도 멀었습니까?"
"네, 한 시간정도는 걸릴 겁니다."
"네? 아까는 반시간이라고 했잖아요?"
"이 마차는 반대쪽으로 가고 있습니다."

 퀴즈

예수님은 엠마오로 가는 제자들을 만나 대화를 나누었는데 엠마오로 가는 제자는 '세 사람' 이었다.

값없이 주는 사랑

어느날 의진이는 엄마에게 한 장의 청구서를 제시했다.

'엄마 말씀대로 열심히 공부하여 우등생이 된 값 2천 원, 집에서 심부름 한 값 천 원, 엄마가 음악공부 하라고 하여 피아노 공부한 값 5백 원, 집에서 청소한 값 천 원, 기타 동생인 수진이를 돌본 값 천 원. 합계 5천 5백 원!'

그러자 엄마는 빙그레 웃으며 저녁식탁 위에 5천 5백 원과 함께 한 장의 편지를 써 놓았다. '엄마가 낳아준 것 5천 원, 매일 밥지어 준 것 3천 원, 매일 세탁해 준 것 3천 원, 잠재워 준 것 4천 원, 기타 바느질해 주고 돌봐준 것 3천 원, 합계 만 8천 원! 그러나 엄마는 의진이를 무척 사랑하기 때문에 모든 것이 무료!'

이것을 받아든 의진이는 무척 부끄러워졌다. 그리고 그의 두 눈에서는 눈물이 흐르고 있었다. 지금까지 어머니의 크신 사랑을 깨닫지 못한 자기의 잘못을 뉘우치고 따뜻한 엄마 품에 안겼다.

지금까지 하나님이 우리를 사랑하신 것을 종이에 하나 하나 기록한다면 평생을 두고 기록해도 다 하지 못할 것이다.

예배 중 성도들의 꼴불견인 행동 3가지를 꼽는다면, 어떤 것들이 있을까?

예수님은 가나의 혼인 잔치에서 물을 포도주로 변화시키는 최초의 기적을 행했으나 그것을 믿는 사람은 '제자들 뿐'이었다?

○ (요2:11)

그리스도의 명칭名稱

예수님의 명칭은 상황에 따라 달리 하였다.
① 예수님 = 여호와는 구원이시다
② 그리스도 = 기름부음 받은 자
③ 하나님의 아들 = 그리스도의 신성을 뜻함
④ 인자人子 = 예수님의 특수성과 초인간적 특성을 뜻함(단7:13)
⑤ 주主= 그리스도의 고귀한 인격과 최고 권위를 표현함
⑥ 하나님의 독생자 = 그리스도의 신성을 의미하고 그의 독특한 출생을 뜻함

유머박사

이야기의 주도권

친구나 동료들이 모이면, 이야기의 주도권을 잡는 사람이 항상 있기 마련이다. 그런 일이 가능한 이유는 다음과 같은 경우이다.
① 돈이 많다. ② 말발(?)이 좋다.
③ 호기심을 자극하는 어휘력을 구사한다.
④ 카피문구를 많이 쓴다. ⑤ 유머감각이 풍부하다.
유머 감각을 키우는데 있어서 이야기의 주도권을 잡는다는 것은 매우 효과적이다. 일단 이야기의 주도권을 잡고 나가다 수습이 잘 안 되더라도, 기회가 있을 때마다 쉬지 말고 주도권을 잡고 봐라. 빨리빨리 많은 실패를 경험해야 신속한 발전을 할 수 있다. 어렵고 힘들고 난처한 일이 생기더라도 끈기를 갖고 계속해야 한다. 세상에 공짜는 없으니까...

오른쪽의 엽서를 지금 즐겁게 해줄 이에게 엽서로 보내세요.

신의 경지

한 정신과 의사 선생님에게 상담전화가 왔다.

"선생님, 우리 남편이 좀 이상해요. 자기가 글쎄, 성경에 나오는 모세라는 거예요."

그 말을 들은 정신과 의사가 말했다.

"저어, 남편을 저희 병원에 한 번 모시고 오시죠. 진찰을 해봐야 하겠군요."

그리고 며칠 후 그 여자에게서 다시 전화가 왔다.

"남편의 증세가 아주 심해졌어요. 보통 병이 아닌가봐요. 이젠 신의 경지에까지 이르렀어요."

"아니, 어떻게 심해졌습니까?"

"남편을 목욕시키려고 욕조에 넣었더니, 글쎄 그 사람이 욕조 안의 물을 반으로 갈라놓았지 뭐예요?"

예수님은 가나의 혼인 잔치에서 물을 포도주로 변화시키는 최초의 기적을 행했으나 그것을 믿는 사람은 '제자들 뿐'이었다?

성경의 기적

성경의 기적용어 세 가지가 있다.

① 태라스 : 사탄도 행할 수 있는 마술적인 초자연적 기사

② 두나미스 : 신의 초자연적 능력과 역사

③ 세메이온 : 하나님의 권능과 역사의 표적.

신약의 기적은 예수님의 신성과 교훈과 부활, 복음, 능력의 표적으로 행해졌다. 예를 들면 오천 명을 먹이신 기적은 예수님이 생명의 떡 되심의 표적이며, 소경을 눈뜨게 한 기적은 예수님이 세상과 사람의 빛 되심의 표적이며, 죽은 나사로를 살리신 것은 예수님이 생명이요, 부활되심의 표적으로 행하신 기적이다. 하지만 무엇보다도 인류역사의 가장 큰 기적은 예수 그리스도의 부활이다.

* OX퀴즈 정답은 보내는이에게 물어보세요! [솔로몬 유머] 중에서...

성경의 인물 중, 한사람을 나의 비서로 채용할 수 있다면 누구를 채용하고 싶은가?

예수님께서 살리신 나사로는 무덤에 있은 지 '사흘 된' 사람이었다?

(나는)\요11:17 / 룩가) × O

계시啓示

'자기를 나타내다' 또는 '정체를 드러낸다'라는 의미인데, 하나님께서 인간에게 무엇인가를 드러내 보여 진리를 깨닫게 하시는 방법을 말한다. 계시는 천지창조에 의한 계시와, 하나님의 아들로서 육신을 받아 이 땅에 태어난 예수 그리스도에 의한 계시로 한정된다. 전자는 창조된 자연을 통해 현재도 일반적으로 볼 수 있다는 점에서 '자연적 계시' 또는 '일반 계시'라 하고, 후자는 '초자연적 계시' 또는 '특수 계시'라고 한다. 그러나 성경이 완성된 이 시대에서의 진정한 계시는 결국 '성경말씀'을 뜻한다.

유머박사

모르면 자세히

유머 감각이 있는 사람은 그렇지 않은 사람보다 유리한 점이 많은데 이것은 유머 감각도 이젠 경쟁력이 되었기 때문이다.

남을 웃기다 보면 곤경에 처할 경우가 있는데, 예화例話나 자료를 인용할 때 틀리거나 정확하지 않은 수치를 말했을 때이다. 더군다나 전문가가 있어서 내가 잘못한 말에 대한 정정하는 말을 한다면 쥐구멍이라도 찾고 싶은 심정이 된다. 모르는 것을 모른다고 말하는 것이나, 모르는 것에 대해 질문을 하는 것은 창피하거나 부끄러운 것이 아니다. 유머의 예화나 자료로 인용하는 것도 확인 작업을 거쳐 자세히 알고 난 후 사용해야 한다. 그렇지 않으면 '숨소리만 빼곤 전부 거짓말하는 인간'이란 별명이 붙을 수 있다.

⊙ 오른쪽의 엽서를 지금 즐겁게 해줄 이에게 엽서로 보내세요.

하나님 맙소사

모처럼 마음에 드는 명마名馬를 손에 넣게 된 노신사에게 말 장수는 거듭 당부했다.

이 말은 " 하나님! "하면 달리고, " 맙소사! "하면 멈춘다는 것이었다. 노신사는 말을 타고 "하나님! "하자 질풍같이 달렸다. 마침 앞쪽에 낭떠러지가 있는 것을 보고 급하게 " 맙소사! "했다. 그러자 질풍처럼 달리던 말은 아슬아슬하게 가까스로 멈추었다. 노신사는 말 위에서 까마득한 낭떠러지를 바라보고, 한 걸음만 삐끗했으면 떨어질 것을 생각하니 너무나 아찔했다.

잠시 숨을 돌린 노신사는 혼자 외쳤다.

"오, 감사합니다. 하나님! "

예수님께서 살리신 나사로는 무덤에 있은 지 '사흘 된' 사람이었다?

감사에 대한 명언

① 감사는 결코 졸업이 없는 과정이다. – 발레리 앤더스 –

② 감사하는 마음은 가장 위대한 미덕일 뿐만 아니라, 다른 모든 미덕의 근원이 된다. – 키케로 –

③ 사람이 얼마나 행복한 가는 그의 감사의 깊이에 달려 있다.
– 죤밀러 –

④ 시련이 아무리 크다 할지라도, 구원받은 모든 죄인들은 감사할 이유를 언제나 발견할 수 있다. – 빌립 E.하워드 –

⑤ 그가 우리에게 어떤 것을 주시든지 간에, 하나님께 감사하는 것은 마귀를 물리치는 확실한 방법이다. – 스피로스 J.히아테스 –

⑥ 하나님은 항상 감사하는 자에게 축복을 주시며, 그의 축복을 교만한 자의 손에서는 거두시나, 겸손한 자에게는 언제나 허락하신다.
– 토마스 아 켐피스 –

⑦ 베풂에는 세 종류가 있다. 아까워하며 베푸는 것, 의무적으로 베푸는 것, 감사함으로 베푸는 것이다. – 로버트 N. 로덴 메이어 –

성경의 인물 중, 나의 배우자로 삼을 수 있는 적합한 사람은 누굴까?
또 그 이유는?

예수님께 옥합을 깨뜨려 향유를 붓는 마리아를 꾸짖은 제자는 '빌립'
이었다?

(답: 유다 / 요12:4) ×

최후最後의 만찬晩餐

예수 그리스도께서 십자가위에서 죽기 전날, 열두 제자와 만찬을
함께 하면서 유다의 배신을 모두에게 일러주고, 빵과 포도주로써 제
자들을 축복하며, "받아먹어라. 이것은 내 몸이다. 이것은 나의 피다.
많은 사람을 위하여 내가 흘리는 계약의 피다"라고 하시면서 제자들
과 마지막 식탁을 함께 나눈 것인데, 이를 기념하여 교회에서는 성찬
식聖餐式을 하고있다. 이 장면을 묘사한 작품들은 많은데, 특히 이탈리
아 밀라노의 '레오나르도 다빈치'의 벽화('산타마리아텔레그라치'의
교회)는 걸작이다.

유머박사

시너지 효과

'시너지 효과'는 두 개 이상의 요소가 서로 작용하여 동반 상승
효과를 얻는 것을 말하는 것이다. 기업의 생산성 향상을 위한 노사
의 화합, 공존 공영을 남녀의 평등, 국태민안國泰民安을 위한 여야의
상생相生정치 등은 '시너지 효과'가 목표로 하는 결정체다.
대화에 있어서도 마찬가지다. 대화의 내용 중 유머가 없다면 대
화의 내용이 무미건조無味乾燥해 지고, 유머의 내용 중 메시지가 없
다면 이 또한 속 빈 강정이 된다. 따라서 유머가 없는 대화도 문제지
만, 처음부터 끝까지 남을 웃기려고만 해도 문제가 된다. 둘이 서로
조화를 이루어야 한다. 그렇게 되면 '시너지 효과'를 얻을 수 있다.
마치 커피에 프림이 녹듯이……

◯ 오른쪽의 엽서를 지금 즐겁게 해줄 이에게 엽서로 보내세요.

삶

한 관광객이 파리에 있는 대성당에서 결혼식을 참관하게 되었
다. 옆에 있던 한 남자에게 물었다.

관광객 : 신랑이 누굽니까?
남　자 : 쥬느쎄빠! (잘 모르겠는데요)
관광객 : 감사합니다.

그 다음날 다시 그 성당에 가니 이번엔 장례식이 열리고 있었
다. 옆자리의 중년 부인에게 물었다.

관광객 : 누가 죽었습니까?
부　인 : 쥬느쎄빠! (잘 모르겠는데요)

그러자 관광객은 혀를 차며 말했다.
"쯧쯧 결혼한 지 하루만에 죽다니…"

예수님께 옥합을 깨뜨려 향유를 붓는 마리아를 꾸짖은 제자는 '빌립' 이었다?

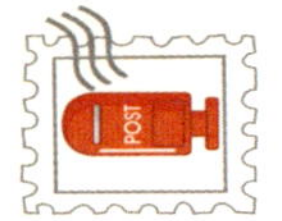

관용의 마음

레오나르도 다빈치(Leonardo da Vinci)가 그린 '최후의 만찬'이라는 그림에는 많은 일화가 있습니다. 다빈치는 그림을 구상하면서 가룟 유다를 어떻게 그릴까 생각하다가 자기가 제일 싫어하고 미워하는 친구의 얼굴을 그려서 가룟 유다를 삼았습니다.

그리고서는 예수님의 얼굴을 그리려고 했는데, 아무리 노력을 해도 그려지지 않았습니다. 그래서 그 이유가 무엇인가를 오랫동안 생각하다가 자기가 미워하여 가룟 유다로 그린 그 친구를 찾아갔습니다.

그리고 그에게 사과를 했습니다. "내가 실상은 자네의 얼굴을 가룟 유다의 얼굴로 그렸는데, 마지막 예수님의 그림이 그려지지를 않아서 회개하는 마음으로 왔소."

그러면서 친구에게 자기의 잘못을 용서해 달라고 했습니다. 그러고 나서, 관용의 마음을 가지고 그린 그림이 그 유명한 '최후의 만찬'이라고 한다.

남을 미워하고 시기할 때는 위대한 창조적인 일을 할 수 없음을 알아야 한다.

TV 전도 프로그램에 출연하여, 1분 내로 기독교를 소개한다면 어떤 말을 할건가?

예수님께서 십자가에 매달려 돌아가시기 전 마지막으로 마신 것은 '신 포도주'였다?

(요 19:29) ○

삼위일체三位一體

하나님 아버지인 성부聖父는 유일신唯一神으로서 그의 독생자인 성자 聖子를 이 세상에 보내어 보혜사保惠師 인 성령聖靈으로써 인류를 구원한다는 것이다. 이 교의는 325년 니케아공의회公議會에서 교회의 정통신조로 공인되었으며, 451년 칼케돈공의회에서 추인 됨으로써 기독교의 정식 교의로 확립되었다. 삼위일체는 성부, 성자, 성령을 '하나의 하나님'으로 말한다. 본체本體도 하나이고, 권능權能도 하나이고, 영광榮光도 동등함을 뜻한다.

유머박사

피에로와 팬터마임

말이란 사람이 살아가는 동안 꼭 필요한 수단이기도 하지만, 때론 공해가 되어 머리를 어지럽게 하거나 혼란스럽게까지 한다. 우리에게 피에로(광대)가 부담 없고 친숙하게 느껴지는 이유는 라이벌 의식을 주지 않으면서 말을 안 하기 때문이다. 피에로는 고작해야 입 속의 '삑삑이'와 표정과 몸 동작으로만 자신의 모든 의사표시를 한다. 그럼에도 불구하고 완벽한 의사전달로 보는 이들로 하여금 웃음을 자아내고 눈물나게 한다. 유머의 훈련을 위해서 피에로와 팬터마임(무언극) 전문가의 동작들을 연구하고 터득한다면 강한 유머를 구사할 수 있다. 실제로 자신이 거울을 보면서 연습하는 것도 효과적이지만, 여건이 된다면 자신의 표정, 언어, 동작 등을 비디오 촬영을 하여 반복하여 보면서 다듬는 것이 더 좋다.

❂ 오른쪽의 엽서를 지금 즐겁게 해줄 이에게 엽서로 보내세요.

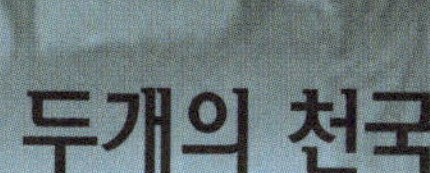

두개의 천국

카톨릭 신부와 유대교의 랍비가 서로 야유 섞인 농담을 주고 받았다. 신부가 먼저 말했다.

"내가 어젯밤에 가 본 유대인들의 천국은 왜 그리 더럽고 냄새가 나는지, 게다가 유대인들만 우글거리고 있더군요!"

랍비도 질세라 말을 받았다.

"실망이 컸겠군요. 실은 나도 어젯밤에 카톨릭 신자들이 간다는 천국엘 가 보았죠. 참 훌륭했어요. 화창한 날씨와 잘 가꿔진 깨끗한 곳에다 이름 모를 꽃들이 만발하고, 그런데 아무리 살펴봐도 사람이라곤 찾아볼 수가 없더군요!"

예수님께서 십자가에 매달려 돌아가시기 전 마지막으로 마신 것은 '신 포도주'였다?

POST CARD
우편 엽서

마음을 전달하는 방법

　한 남자가 길을 가다가 큰 돌이 놓여져 있는 것을 보고 그 돌을 들어 다른 한적한 곳으로 옮겼다. 그런데 그가 다시 제자리로 돌아왔을 때 그는 자신이 치운 돌 밑에 살던 개미들이 서로 안전한 장소를 찾아 이리저리 흩어져가고 있는 것을 보았다. 그는 개미들을 해치려는 마음이 전혀 없었으므로 개미들에게 몹시 미안하였다. 그는 어떻게 하면 자신의 생각을 개미들에게 전할 수 있을까 생각했다. 잠시 후 그는 그 마음을 개미들에게 전하려면 자신이 직접 개미가 되는 수밖에 없음을 깨달았다.

　예수 그리스도의 성육신도 이와 같은 것에서 연유된 것이 아닐까...

복제 인간은 과학의 개가凱歌인가? 하나님에 대한 또 하나의 바벨탑인가?

예수님께서 십자가에 남기신 마지막 말씀은 '엘리 엘리 라마 사막다니' 이다?

× ● (다 이루었다 / 요19:30)

예배 禮拜

하나님께 바치는 의례儀禮인데, 일반적으로는 신체적 행동으로 나타나는 경우가 많다. 기독교의 예배나 천주교의 미사 또는 불교의 법회法會 등이 그 대표적인 양식인데, 여러 종교에서 제일祭日이나 축일은 특별히 정해진 예배의 날인 셈이다. 예배에서는 예배 대상에게 희생 제물이나 헌물獻物, 그리고 노래나 춤을 바침으로써 그들이 믿는 신에게 찬미와 감사와 기원을 나타낸다. 따라서 예배에 참가하는 사람은 개인적 신앙의 강화와 함께 공통적인 의례를 함께 함으로써 신앙적 결합을 서로 확인한다.

유머박사

A/S, B/S, I/S

A/S(After Service)는 상품판매 후 시집보낸 딸처럼 보살피는 것이고 B/S(Before Service)는 상품을 팔기 전 서비스를 하는 것이고 I/S(Image Service)는 이미지 서비스다. 요즘 기업들은 개별 상품을 선전하기보다는 자사의 이미지 홍보(I/S)에 주력하고 있다. 왜냐하면 소비자들은 어떤 회사의 이미지(브랜드 파워)가 마음에 들면 그 회사의 모든 제품에 대해 신뢰를 갖고, 구매활동에 들어가기 때문이다. 이처럼 이미지가 회사나 개인에게 매우 중요한 시대가 되었다. 유머에서도 마찬가지다. 음담패설이나 지저분한 것을 습관적으로 내뱉는다면 '원래 쟤는 지저분한 인간이야!' 라는 낙인이 찍혀 제일 중요한 I/S에서 실패한 것이고, 회복하려면 엄청 힘들다. 아니 어쩌면 만회挽回가 안 될 수도 있다.

● 오른쪽의 엽서를 지금 즐겁게 해줄 이에게 엽서로 보내세요.

갈림길

어느 신부가 임종을 앞둔 환자의 '종부성사'를 봐주고 있었다.

"자, 당신은 이제 악마를 쪄주고 두려워하지 않습니다. 그렇지요?"
그러나 환자는 아무런 대답이 없었다.
신부는 한 번 더 같은 말을 반복했다.
그래도 환자는 아무 말도 하지 않았다.
신부는 어이가 없어 다시 한 번 물었다.

"그럼 당신은 악마를 찬양한다는 말이군요. 어째서 지요?"
그러자 환자가 하는 말,

"제가 죽어서 천국에 갈지 지옥에 갈지 알 수 없는데, 어떻게 한쪽 편을 들 수 있겠습니까?"

예수님께서 십자가에 남기신 마지막 말씀은 '엘리 엘리 라마 사막다니' 이다?

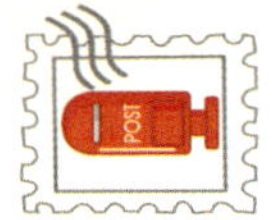

* OX퀴즈 정답은 보낸이에게 물어보세요! [솔로몬 유머] 중에서...

만일 목회자가...

① 젊으면 "경험이 부족해!", 나이가 많으면 "너무 늙어 젊은 세대에게는 맞지 않아!"

② 자녀가 많으면 "애들이 너무 많아!!", 없으면 "교인들에게 본이 되어야지!"

③ 원고보고 설교하면 "딱딱하고 재미없어!", 원고 없이 설교하면 "깊이가 없는 것 같아!"

④ 가난한 교인들을 가까이 하면 "인기를 끌려고 하는구나!", 부유한 교인들을 가까이 하면 "돈 있는 사람만 좋아하고 너무 귀족적이야!"

⑤ 예화를 많이 들면 "성경말씀은 아예 하지도 않아!", 예화를 사용하지 않으면 "이해가 분명치 않아!"

⑥ 교인들의 나쁜 행동을 지적하면 "너무 직선적이야!", 그렇지 않으면 "타협주의야!"

⑦ 올바른 말을 하면 "너무 공격적이야!", 그렇지 않으면 "위선적이야!"

⑧ 모든 교인을 기쁘게 하지 못하면 "아무래도 목사를 내 보내야 되겠어!", 모든 교인을 기쁘게 해 주려고 하면 "도무지 주체성이 없어!"

⑨ 오래된 차를 몰고 다니면 "우리 교회 망신시키는 구나!", 새 차를 몰고 다니면 "세상 물질을 너무 밝혀!"

⑩ 사례(월급)를 많이 받으면 "돈밖에 모르는 삯군 목자야!", 사례를 적게 받으면 "그야 어쩔 수 없지. 많이 받을 만한 자격이 없으니까!"라고 한다.

천국으로부터 전화가 걸려와 천국에 있는 인물 중에 한 사람과 통화를 할 수 있다면 누구와 어떤 내용으로 통화를 하고 싶은가?

예수님은 부활 후 '30일' 만에 승천하셨다?

(行1:3 전행) ×

말세 末世

기독교에서는 예수 그리스도가 탄생한 때부터 재림할 때까지를 말세라 하고, 말세의 특징은 이 세대의 끝에는 지구의 종말이 온다는 것이다.

또 일반 사회적으로 말세는 도덕과 질서가 타락하고 규범이 무너진 세태를 규정하는 말이기도 하는데, 세상의 끝날 또는 나빠져만 가는 세상을 말하기도 한다. 기독교에서의 말세는 예수님의 재림이 얼마 남지 않은 세상을 뜻한다.

유머박사

싱거운 사람

예로부터 우스개 소리를 잘 하는 사람에게 '싱거운 놈!'이란 말을 했다. 이런 말을 하는 사람들의 특징은 웃을 줄만 알았지 남을 웃길 줄 모르는 사람이며 잘 웃어주지도 않는 사람이다. 괜히 근엄한 척 하면서 쓸데없는 '폼'을 잡고 있는 사람이다. 그러나 한편으론 이해가 되는 부분도 있다. 우리나라의 잘못된 유교의 전통과 엄한 가정교육 속에서 자라난 탓도 있고, 유머 속에 메시지가 없고 영양가가 없었기 때문이다. 어떻든 이런 사람들은 웃음의 효과와 효능에 대해 무지해서 혜택을 보지 못하기 때문에 잘 웃는 사람보다 단명短命할 확률이 높다. 낙천적인 사람과 여자들이 장수하는 이유가 이를 방증傍證한다. 유머는 맹물에 설탕이 될 수 있고, 소금이 될 수도 있는 천연 조미료임에는 틀림없다.

❂ 오른쪽의 엽서를 지금 즐겁게 해줄 이에게 엽서로 보내세요.

부자와 금괴

돈이 굉장히 많은 부자가 자기 재산을 천국까지 가져가게 해 달라고 끈질기게 기도하자 하나님이 마침내 그렇게 해주겠다고 했다. 그러나 한 가지 조건이 있었다. 전 재산을 옷 가방 하나에 다 넣어서 가져가야 한다는 것이었다. 그래서 부자는 옷 가방 안에 금괴를 잔뜩 채워 가지고 가기로 했다.

마침내 그 부자가 천국으로 갈 날이 되어 천국문에 들어서자 천국 문지기가 그를 맞았다. 그러나 천국 문지기는 옷 가방을 가지고 들어올 수 없다고 했다. 그러자 돈 많은 부자가 말했다.

"아닙니다. 저는 하나님께서 가지고 와도 된다는 허락을 받았는데요!"

"그거 이상한데. 그럼 옷 가방 안에 무엇이 들었는지 좀 봐도 될까요?"

천국 문지기가 가방을 열어보았더니 안에는 번쩍이는 금 덩어리들이 잔뜩 있었다. 천국 문지기는 놀란 표정을 지으며 물었다.

"아니, 당신은 왜 도로 포장하는데 쓰는 것을 이렇게 잔뜩 가져왔소?"

예수님은 부활 후 '30일' 만에 승천하셨다?

당신 이야말로

추운 겨울날, 눈오는 거리에서 한 소녀가 얇은 옷을 입은 채, 밥 한끼조차 제대로 먹지 못하고 오들오들 떠는 모습을 보았습니다. 나는 화가 치밀어 당장 하나님께 외쳤습니다.

"하나님! 왜 이런 일을 그냥 보고만 계십니까? 무슨 대책이든 세워 주셔야 되는 것 아닙니까?"

한동안 하나님께서는 말이 없으시더니 그 날 밤에 문득 이렇게 말씀하셨습니다.

"나는 틀림없이 대책을 세웠노라. 나는 너를 만들었으며, 너를 그 곳에 두었지 않았느냐?"

정작 당신이 하나님의 대책인 것을 잊고 있지는 않습니까?

내가 산 복권이 1등으로 당첨되었다면, 십일조 또는 감사헌금을 해야 하나 말아야 하나?

가룟 유다를 대신해서 예수님의 12제자에 포함된 자는 '사도 바울'이다?

× (맛디아 행1:21~26)

사도신경 使徒信經

크리스천들이 믿어야 할 기본적인 교의敎義를 간결하게 요약한 신앙고백이다. 이는 같은 신앙을 가진 사람들을 하나로 결합시키는 예수 그리스도에 대한 개인 또는 교회의 믿음을 공식적으로 밝히는 것이다. 따라서 사도신경은 이단 발생에 대한 정통교리를 표시한 것인데, 이단의 특징은 사도신경의 내용을 신앙의 고백으로 삼지 않는 것이 특징이다. 사도신경을 압축해 표현한다면 나사렛 예수를 구세주救世主, 즉 그리스도(메시아)로 믿고 고백하는 것을 뜻한다.

유머박사

내일은 없다

오늘을 내 인생 최고의 날로 만들어야 한다. '오늘'이라는 시간은 '어제' 죽은 사람이 그렇게도 간절히 살기를 바랐던 '내일'이기 때문이다… '우리에게 내일은 없다!'라고 말하면 반발하는 사람들이 많을 것이다. 그러나 내일은 없다. '내일'이 '오늘'이 되면, 우리가 생각했던 '내일'은 '오늘'이 되어버렸기 때문이다. '진정한 웃음을 웃는 사람은 나중에 웃는 사람!'이라고 누군가 말했다. 하지만 이 말을 믿지 마라! 지금 웃는 사람이 웃는 사람이다. 지금 잘 해야 나중 일이 보장받듯이, 지금 웃어야 웃는 것이지, 나중에 웃을 수 있을지 없을지 아무도 모른다. 현대는 한치 앞을 내다볼 수 없는 불확실성不確實性의 시대다. 지금 웃지 않으면 웃음은 없다. 지금 웃자! 하! 하! 하하하!!!

❶ 오른쪽의 엽서를 지금 즐겁게 해줄 이에게 엽서로 보내세요.

목사님의 졸도

영구가 산 로또 복권이 1등에 당첨돼 100억 원을 받게 되었다. 그러나 영구는 아직 그 사실을 몰랐고 영구가 다니는 교회의 목사가 먼저 알았다. 목사는 영구를 찾아가 조심스럽게 애기했다. 혹시라도 영구가 충격을 받아 졸도할까봐 가급적 천천히 알려줬다.

"여보게, 영구! 만약에 자네에게 100억 원이 생기면 무엇에 쓰겠나?"

그러자 영구가 망설임 없이 대답했다.
"거저 생긴 돈이니까 전부 교회에 헌금하겠습니다!"

그러자 목사님이 충격 받아 졸도했다.

가룟 유다를 대신해서 예수님의 12제자에 포함된 자는 '사도 바울'이다?

헌금의 가치

예배를 드리는 중 헌금 시간이 되었다. 인색한 집사는 1,000원을 헌금할 생각이었다. 그러나 아무리 되풀이해서 지갑 속의 돈을 꺼내보아도 계속해서 10,000원짜리만 나와서 고민이 되었다. 그렇다고 해서 드러내 놓고 찾기에는 너무나 많은 눈과 예배 중이라는 점이 마음이 걸렸다. 헌금 주머니가 앞에 왔을 때 마지막으로 꺼낸 것은 10,000원짜리이고 그래서 그 집사는 하는 수없이 생각지도 않은 헌금을 하고 말았다. 그 집사님은 예배를 드리고 나서 어떤 권사님에게 이 일을 무용담 삼아 이야기했다. 이때 권사님께서 대답을 했다.

"집사님, 걱정하지 말아요. 하나님께서는 1,000원으로 받으셨음이 확실합니다!"

'사랑'이라는 단어와 가장 거리가 먼 단어는 무엇이라고 생각하나?

사울이 바울이 된 동기를 부여한 사람은 '스데반'이었다?

(행 7:58) ○ ❂

성도聖徒의 가정家庭

오늘날 적지 않은 목회자들이 가정을 무시 교회만 중요한 것처럼 가르치고 있다. 그러나 하나님께서는 최초로 가정을 만드셨다. 그리고 그 가정을 지키기 위해 교회를 만드셨다(창 3:21, 4:1-7). 하나님을 섬기는 일은 가정을 돌보는 일보다 우선한 것이지만(마 6:33), 하나님을 올바로 섬기기 위해서 교회생활이 필요하듯 하나님의 영광을 나타내기 위하여 먼저 행복한 가정을 만들어야 한다. 그러므로 성도들은 교회를 사랑하는 만큼 자기의 가정을 사랑해야 한다.

유머박사

웃음과 울음

희극의 반대는 비극이다? 그렇다. 그렇다면 웃음의 반대는 울음인가? 아니다. 웃음과 울음은 동전의 양면처럼 통하는 면이 있다. 사람이 울게 되면 정신적인 스트레스 해소와 함께 체내의 유독 물질이 눈물과 함께 배출되는 효과가 있고(웃음만큼은 아니지만) 또 실컷 울고 나면 '카타르시스'를 경험하게 된다. 이와 같은 이유 때문에 여자들이 남자들보다 평균 7년 정도 더 오래 살고 있는데, 이것은 여자들은 슬플 때 울고 기쁠 때 웃는 기능이 남자보다 뛰어나기 때문이다.

그렇다면 웃음의 반대는 무엇인가? 웃음의 반대는 고지식과 고정관념으로 인한 스트레스이다. 왜냐하면 웃음은 여유와 이완상태에서 나오는 정신적인 현상이기 때문이다.

❂ 오른쪽의 엽서를 지금 즐겁게 해줄 이에게 엽서로 보내세요.

엄마가 제일 싫어하는 사람

5살배기 달수가 엄마와 교회 예배를 마치고 함께 지하철을 탔다.

지하철 안에는 꼬마들이 떠들고 장난을 쳐 시끄러웠다.

달수엄마는 달수에게 공중도덕에 대해 가르칠 생각으로 달수에게 물었다.

"달수야, 엄마가 어떤 사람을 제일 싫어한다고 했지?"

잠시 생각을 하던 달수는 자신있게 말했다.

"아빠!"

사울이 바울이 된 동기를 부여한 사람은 '스데반'이었다?

부부

　한 부부가 철길을 건너고 있었다. 그런데 아내의 발이 미끄러져 철로와 침목 사이에 끼고 말았다. 그때 기차가 커브를 돌아 그들을 향해 돌진해 오고 있었고, 그녀와 남편은 미친 듯이 발을 빼려고 노력했지만 헛일이었다. 그들의 모습을 발견한 기차가 브레이크의 쇳소리를 내며 급정거를 시도했지만 멈추기엔 너무 늦었다. 자기를 두고 빨리 피하라고 아내는 남편에게 소리쳤다. 그러자 남편도 자신의 노력이 쓸데없음을 판단하고는 자신의 두 팔로 아내를 보호하기 위해 감싸안았다. 구경꾼들은 공포에 질려 있었고 기차는 그들 위로 굉음을 내며 지나갔다.

　후에 사람들은 기차가 그들을 덮치기 직전에 남편의 외침소리가 들려왔다고 전한다.

　"나는 당신과 함께 있을 것이요!"라고…

　예수님도 평생 우리와 함께 계십니다.

기독교 신자와 불교 신자가 결혼한다면, 어떤 장단점들이 있을까?

첫 순교자는 '스데반' 이다.

(행 7:59) ○

목회자牧會者와 가정家庭

목회자가 목회를 하는 것이 가정을 돌보는 일보다 우선일까? 아니다. 구약시대의 모든 목자들은 자기의 가정을 돌보기 위하여 목장에서 일을 했고, 신약시대의 목회자 역시 자기의 가정을 돌보는 일이 믿음 생활의 기초였다(딤전 5:8). 그러므로 목회는 가정에서부터 시작되어야 하며 주를 위한다는 핑계로 가정을 돌보지 않는 것은 주의 일을 하는 것이 아니라, 자기사업을 하는 것에 불과하다. 왜냐하면, 예배당을 키우는 것이 하나님의 뜻이라는 근거는 성경 어디에도 없기 때문이다.

유머박사

동심과 어휘력

아이가 성장하여 어른이 되어도 동심의 세계는 항상 그리움으로 자리잡고 있다. 심리학적으로 볼 때 12~14세를 전 후로 한 기억들은 어른이 되어도 마음 한 구석에 늘 동심의 세계로 자리잡고 있다. 어린아이는 사물을 보는 눈이 순수하며 한정된 어휘력(단어)으로 모든 사물을 표현하기 때문에 정확성은 다소 떨어지기도 하지만, 참신하고 귀엽고 기발한 표현을 하곤 한다. 어린아이의 말과 행동을 잘 관찰하면 좋은 유머의 소재를 얻을 수 있다.

① 엄마, 나 지금 다리가 빤짝거려!(다리에 쥐가 났을 때)
② 야~아, 미숫가루다!(생전 처음 바닷가의 백사장을 봤을 때)
③ 우~와, 우리 엄마 참 맛있게 생겼다!(예쁘게 화장을 한 엄마를 발견했을 때)

오른쪽의 엽서를 지금 즐겁게 해줄 이에게 엽서로 보내세요.

부모님 때문에

영진이는 목사님 아들이었는데 좋은 학벌과 괜찮은 외모에도 불구하고 장가를 못 가고 있었다.
주일 학교 시절 선생님이셨던 장로님이 영진이에게 그 이유를 물어 보았다.

"뭐, 특별한 조건이라도 있니?"
그러자 영진이는 말했다.

"뭐 그런 건 없는데요. 여자를 데리고 오면 어머님이 '이래서 싫다!' '저래서 안 된다!' 하시잖아요."
무슨 이유일까 곰곰이 생각하시던 장로님이 다시 말했다.

"그럼 어머님하고 똑 같은 여자를 데리고 오지 그래?"

그러자 영진이는 머리를 긁적이며 말했다.

"그땐, 아버님께서 극구 반대하셔요!"

첫 순교자는 '스데반' 이다.

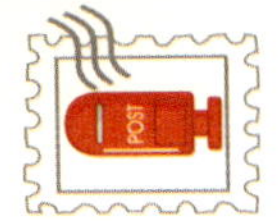

교통 법규와 영국 수상

처칠이 어쩌다 운전기사에게 차를 급히 몰게했다. 그런데 교통 경찰관이 수상을 태운 자동차가 과속으로 달리는 것을 보고 재빨리 차를 세우도록 명령했다.

면허증 제시를 요구하는 경찰관에게 운전사가 말했다.

"수상께서 타셨소!"

"알고 있소. 그러나 과속은 과속이오. 딱지를 떼겠으니 벌금을 물도록 하시오!"

경찰관이 끄떡도 하지 않자 이번에는 처칠이 직접 나섰다.

"이봐! 내가 누군 줄 알아?"

처칠이 그 특유의 여송연을 입에 문 채 언성을 높였다.

"예, 얼굴은 우리 수상 각하와 비슷하지만, 법을 지키는 것은 비슷하질 않습니다!"

그는 천연덕스럽게 대답했다. 결국 처칠은 딱지를 떼였다. 처칠은 의회에서 업무를 마치고 올라와 경시총감을 불렀다. 그 딱지뗀 경찰관을 격려하기 위해서였다. 그는 자초지종을 설명한 후 그 경찰을 찾아 특진시킬 것을 명했다. 그러나 경시총감은 과속 차를 적발했다고 특진시키라는 규정은 없다고 거절했다.

인터넷을 통한 선교를 위해, 가장 쉽게 기억되고 이미지가 적합한 홈페이지주소(도메인) 는 어떤 것이라고 생각하는가?

스데반은 '감옥'에서 순교를 당하였다?

(행전 7:59 / 아니요 에) × ↺

아멘

주로 기도나 찬양의 말끝에 그 내용에 대해 '진실로 그와 같이 기원한다' 는 뜻으로 쓰이는 말이다. 찬동, 찬성, 동감한다는 뜻의 '아멘'은 원래 유대인들이 제례의식 때 사용하던 말이었는데, 기독교의 예배와 전례典禮에 그대로 수용되었다. 예배 때의 기도, 찬송, 신경信經 암송이 끝난 마지막에 이 말을 쓰며, 목사가 시편이나 성구를 읽은 다음에도 사용한다. 설교나 기도 시간에 동참한 자들이 그 설교나 기도 말에 '동감' 이라는 뜻으로도 쓴다.

유머박사

딴전 피우기

유머기법에서 빼 놓을 수 없는 것이 '딴전 피우기' 기술이다. 누가 말을 하면 꼭 거기에 걸맞은 말을 꼬박꼬박 해야 되는 것은 아니다. 때로는 엉뚱한 말이나 행동으로 받아치면서 딴전을 피우면, 사람은 웃음보를 자극 받게 되어 웃는다. '딴전 피우기' 는 긴장상태에서 이완상태로 유도하는 기술이다. 청중은 '딴전 피우기' 의 상황을 만나게 되면, 갑자기 돌변해버린 상황에 순간 긴장하고 어리둥절해 하지만 곧바로 상황을 분석하고 정리하여 해석하고 합리적으로 연결시키면서 이완상태로 들어간다. 이렇게 스스로 만들어낸 이완상태에서 청중은 웃음을 웃게 되는 것이다.

영구, 맹구, 사오정, 덩달이, 만득이...등의 캐릭터들이 대표적인 인물들이다.

↺ 오른쪽의 엽서를 지금 즐겁게 해줄 이에게 엽서로 보내세요.

동업자

아브라함과 솔로몬은 섬유회사를 공동으로 경영하고 있었다. 그런데 아브라함이 임종의 자리에 눕게 되었다. 아브라함은 한숨을 몰아쉬면서 솔로몬에게,

"나 꼭 고백해야 할 것이 있네. 자네하고는 30년 간 공동 경영자였는데, 그 미니스커트를 고안했을 때 경쟁 회사가 1주일 빠르게 같은 미니스커트를 만들어 팔았었지? 사실은 내가 그 기밀을 라이벌 회사에게 팔아 넘겼기 때문이었어."

"뭐 그런 거 괜찮아. 다 용서할 테니까 잊어버려!"

"또 하나, 아직 사죄할 것이 있어. 자네가 비서와 바람피우다 호텔에서 자네 마누라에게 붙잡힌 일이 있었지? 그것은 내가 자네 부인에게 전화로 알려주었기 때문이었어!"

"글쎄 용서한다니까, 용서하고 말고. 자네에게 대해서는 무엇 하나 유감이 없네!"

"아직 더 고백해야 할 것들이 많이 있는데 들어주겠나?"

"아니야, 이미 모든 것을 용서해 주었으니 안심하게. 다만 내가 오히려 용서받아야 할 것이 있어."

"그런가? 나도 모든 것을 다 용서하지... 그것이 도대체 뭔가?"

"내가 자네 음식에 독약을 넣었다네……"

스데반은 '감옥'에서 순교를 당하였다?

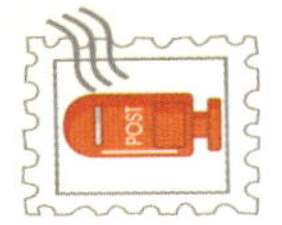

정당한 요청

목사님의 어린 딸이 배가 아파서 침대에 누워 있었다. 그래서 어린 딸은 매일 아빠와 잠깐이나마 장난치며 이야기하는 것을 포기할 수밖에 없었다. 얼마 후 어린 딸은 2층 계단 위에 나타나서 엄마를 불렀다.

"엄마, 아빠하고 얘기 좀 할게요!"

"안 돼, 아빠는 이미 침실로 들어가서 쉬고 계셔."

"그래도 아빠랑 얘기하고 싶어요!"

"지금은 안 된다니까."

그러자 어린 딸이 말했다.

"엄마! 나는 병든 사람이에요. 목사님의 심방을 받을 자격이 있단 말이에요!"

그래서 곧 바로 그 어린 딸은 아빠의 심방을 받게 되었다.

우리교회 교인 중, 한 사람의 머릿속에서 나에 대한 모든 기억을 지워 버릴 수 있다면 누구를 선택할 건가?

사울이 예수님을 만난 곳은 '다메섹으로 가는 길'에서이다?

(8:6쪽) ○ ◑

환상幻想

육신의 눈으로 볼 수 없는 것들을 영의 눈을 통하여 본 것을 뜻한다. 그러나 이러한 현상은 이교도들 사이에도 적지 않다는데 문제가 있다. 그러므로 기독교인들은 환상을 보았다고 하더라도 그것이 하나님의 특별한 계시라고 오판하는 일이 없도록 상당한 주의가 필요하다.

유머박사

원숭이도 후회를 한다

동물학자의 말에 의하면 원숭이도 인간처럼 잘못을 저지르고 나면 후회를 하고, 즐겁거나 우스운 일이 있을 땐 웃는다고 한다. 그러나 원숭이가 인간을 쫓아서 하지 못하는 것 두 가지가 있다. 하나는, 원숭이는 인간처럼 입장을 바꿔서 생각할 줄 모른다는 것이다. 그러나 인간은 입장 바꿔 생각할 줄 알기에 어려움에 처한 사람을 도와주고, 남의 기쁨이나 즐거움을 함께 기뻐하여 축하해 주고, 고통이나 슬픔을 함께 나누며 위로한다. 또 다른 하나는, 원숭이는 후회를 할 수는 있어도 개선이 안 된다는 것이다. 그러나 인간은 개선을 할 줄 알기에 자기계발이 가능하고, 능력 향상을 꾀할 수 있다. 유머가 처음부터 잘 될 리가 없다. "난 원래 안 되는 놈이야!" "내가 하는 게 그렇지 뭐!"라고 포기한다면 원숭이와 친구다.

◑ 오른쪽의 엽서를 지금 즐겁게 해줄 이에게 엽서로 보내세요.

첫 설교

젊은 목사님이 교회에 부임해서 첫 설교를 하게 되었다. 너무나 떨린 나머지 목소리가 제대로 나오지 않았으나 목사님은 준비해 온 원고를 떠듬떠듬 읽어 내려갔다.

"좀 크게 말씀하세요. 뒤에선 들리지 않아요!"

맨 뒤에 앉은 남자가 소리쳤다. 젊은 목사는 크게 말하려고 노력했으나 소용이 없었다. 그 남자가 다시 소리쳤다.

"그래도, 안 들려요!"

그러자 맨 앞에 앉아 있던 교인이 자리에서 벌떡 일어나더니 뒤를 보며 큰 소리로 말했다.

"뒤에 앉은 걸 다행으로 아세요. 차라리 안 듣는 게 났습니다!"

사울이 예수님을 만난 곳은 '다메섹으로 가는 길'에서이다?

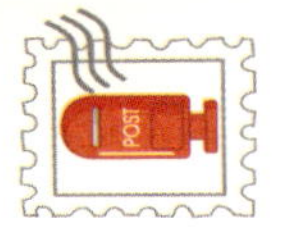

보는 것의 차이

일년 내내 동토에서 사는 알래스카 에스키모인들에게 냉장고를 팔아먹은 사람이 있고, 한평생 눈 구경 못하는 사막국가로 하여금 제설차除雪車를 수입하게 만든 사람이 있다. 에스키모인들에겐 냉장고를 선반 대신으로 사용하게 한 것이고, 아프리카 사막에서는 제설차를 번번이 불어오는 태풍으로 고속도로에 가득 찬 모래를 불어 날리는 데 사용하게 한 것이다.

사람이 지닌 눈으로 보이지 않는 것까지 보는 눈의 신비라고 해야 할 것이다...

결혼을 하지 않고 혼자 사는 독신주의獨身主義는 성경적인 생각일까?

바울(사울)의 보이지 않는 눈을 다시 보게 한 기도는 '아나니아'가 했다?

(행9:17) ○ ➡

동정녀탄생童貞女誕生

예수 그리스도가 남녀의 성관계가 아닌 성령의 역사로 동정녀 마리아의 몸을 통하여 잉태하여 탄생한 것을 말한다. "예수 그리스도의 나심은 이러하니라 그 모친 마리아가 요셉과 정혼하고 동거하기 전에 성령으로 잉태된 것이 나타났더니(마1:18)"라고 기록되어 있다. 동정녀 탄생은 하나님의 전능하심을 나타내고, 인간적인 방법의 철저한 단절을 말해주고, 메시아의 유일한 천상적天上的 기원과 독특한 신분을 계시한다. 따라서 동정녀 탄생은 하나님의 전지전능하심을 믿는 시금석이 된다.

유머박사

카피문구

신문이나 TV를 보면 인상 깊고 쇼킹한 광고 카피문구가 나온다. 정말 평생 잊지 못할 정도로 인상이 깊다. "오늘은 그이와 세 번째 만난 날. 그이가 나의 이마에 키스를 했다. 다음에 만날 때는 굽 높은 구두를 신고 나가야지…… ○○구두~!"

사회생활을 하면서 자신을 알릴 수 있는 이미지나 이름에 대한 카피문구를 갖고 있는 사람은 남보다 한 발 앞선 사람이다. 왜냐하면 현대는 캐릭터(개성)시대이기 때문이다. 필자의 이름 '전 승 훈'을 갖고 카피문구를 만들면, **전**쟁터에 나가, **승**리하여, **훈**장을 받은 **전 승 훈**입니다!

자신을 5초 이내에(첫 인상은 5초 이내에 결정된다) 효과적으로 알릴 수 있는 카피문구를 만들어보자!

➡ 오른쪽의 엽서를 지금 즐겁게 해줄 이에게 엽서로 보내세요.

운전기사와 목사

총알 택시 운전기사와 목사가 같은 날, 같은 시각에 죽었다. 운전기사는 곧 바로 천국으로 보내지고, 목사는 천국 문에서 대기 중이었다. 목사는 어째서 택시 운전기사는 천국으로 보내고, 성직자였던 자기는 대기 중이냐고 투덜거렸다. 그러자 천사장이 대답하기를,

"목사! 그대가 설교할 때 성도들은 모두 졸고 있었지만, 총알 택시 운전기사가 차를 몰 때는 모두들 기도 드렸느니라~!"

바울(사울)의 보이지 않는 눈을 다시 보게 한 기도는 '아나니아'가 했다?

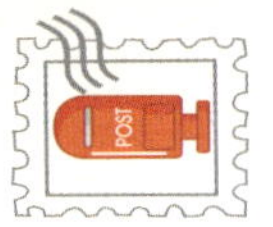

건강을 주는 삶

　어느 목사님이 몸이 좋지 않아 병원에 가서 의사의 진찰을 받았다. 정밀 진찰을 한 의사는 그가 불치의 병을 앓고 있다는 사실을 발견하고는 목사에게 다음과 같은 충고를 하였다.

　"목사님의 목숨을 단축시키는 압박을 피하기 위해서 목회를 그만두고 편안한 생활을 해야겠습니다." 면서 얼마를 더 살 수 있느냐는 그가 얼마만큼 안정을 취하느냐에 달려 있다고 말했다. 의사의 충고를 들은 목사님은 "만일 내가 당신의 충고대로 한다면 얼마를 더 오래 살 수 있겠습니까?"라고 물었다. 의사는 "약 6년"이라고 대답을 했다. 목사님은 계속해서 질문하기를 "만일 계속해서 일을 한다면 얼마나 살 수 있습니까?" 대답은 "길어야 3년입니다."였다. 목사는 잠깐동안 생각한 후에 확신을 가지고 말하기를 "선생님! 나는 6년 동안 앓으면서 사는 것 보다 선한 일을 하면서 사는 3년을 택하겠습니다."라고 말했다.

　병원을 나온 그 목사는 열심히 목회를하면서 12년을 더 살았다.
삶은 길이가 아니라 질이다.

*OX퀴즈 정답은 보낸이에게 물어보세요! [솔로몬 유머] 중에서...

예배순서에서 반복되는 것 중 한 가지를 하지 않아도 된다면 무엇을 그만두고 싶은가?

최후의 사사는 '사무엘' 이다?

○ ◆ (삼상13:20)

그리스도인

AD 44년경 시리아의 '안디옥교회' 성도들이 항상 '그리스도'에 대해 이야기하는 것을 외부 사람들이 보고 이름을 붙인 것이다. 지금은 예수 그리스도의 가르침을 믿고 그 믿음대로 살아가는 사람들을 말한다.

유머박사

360도 생각

산업시대엔 공부 잘하고, 명문대를 졸업하여 대기업에 취직하면 1등 신랑, 신부감이었다. 그러나 정보시대인 지금은 개인 경쟁력의 시대이다. 즉 남들이 미처 개척하지 못한 분야나 생각지 못한 방향으로 뛰면 성공한다. 왜? 혼자 뛰면 1등이니까!

유머의 소재도 남들이 전부 매달리는 분야에 얽매이지 말고, 미개척 분야나 틈새 시장을 파고들어야 한다. 이태리에는 이태리타월이 없고, 중국에는 자장면이 없고, 아라비아에서는 아라비아숫자를 쓰지 않고, 터키에는 터키탕이 없다. 주위의 사물을 보고 360도로 생각하는 습관을 길러야 한다. 유머의 세계에서 1등으로 성공하려면 처음이라야 한다. 남들이 간 길을 따라가고 남들이 한 짓을 흉내내면 2등이야 하겠지만, 사람들은 2등을 기억하지 않는다.

◆ 오른쪽의 엽서를 지금 즐겁게 해줄 이에게 엽서로 보내세요.

청소

어느 학교의 청소시간.

선생님 : 너 왼손 다쳤니?
학　생 : 아뇨.

선생님 : 그런데 왜 왼손을 주머니에 넣고 청소를 하고 있니?
학　생 : 오른손이 하는 일을 왼손이 모르게 하려고요!

최후의 사사는 '사무엘' 이다?

거북이의 목을 끌어내는 법

어떠한 강압적인 방법으로도 거북이의 목을 밖으로 끌어낼 수는 없다고 한다. 그러나 가장 좋은 방법은 거북이를 불 가까이 놓는 것이다. 온 몸에 따뜻함을 느끼면 거북이는 스스로 머리를 내놓는다.

이것은 인간 사회도 같다. 우정과 형제애의 따뜻한 분위기가 선행되어야 해결이 온다. 배려하는 마음이 있어야지 주먹으로 우격다짐해선 결코 해결되지 않는다.

하나님이 주신 달란트로 독심술讀心術을 받았다면, 제일 먼저 누구의 마음을 읽어보고 싶은가?

우리의 구원은 '하나님의 능력'에서 나온 것이다?

(은혜의 산물 /롬2:8) × O

구원救援

의미는 매우 다양하나 가장 중심적인 것은 죄罪로부터의 구원이다. 죄가 인간에게 유한성有限性을 부여했고, 인간은 유한하기 때문에 스스로 죄에서 벗어날 수 없는 존재이다. 결국 하나님의 도움인 은총 즉, 예수 그리스도의 십자가의 대속代贖을 통해서만 구원받을 수 있고, 이는 예수 그리스도에 대한 믿음이 전제되어야 한다. 결국 반드시 죽게 될 인간이 예수 그리스도를 구주로 믿음으로써 죄와 죄의 결과로부터 해방되어 사망에서 생명으로 옮겨 영생을 얻는 것이다.

유머박사

압축단어

컴퓨터에서 압축파일을 쓰면 능률도 오르고 적은 메모리를 크게 쓸 수 있다. 유머에 있어서도 압축 단어나 문장을 쓰면 강도도 높아지고 효과도 크다. 여러 단어나 문장을 하나로 묶어 표현하는 습관을 길러보자!

대표적인 것들은 속담이나 격언 또는 시쳇말로 쓰는 것들이 여기에 해당된다. 예를 들면,

① 업은 아기 3년 찾는다.(건망증이 심한 사람)

② 우물가에서 숭늉 찾는다.(성질이 급한 사람)

③ 처삼촌 벌초하듯 한다.(성의가 없이 대충 일하는 사람)

④ 가난이 정문으로 들어오면 행복은 뒷문으로 나간다.(게으른 사람)

오른쪽의 엽서를 지금 즐겁게 해줄 이에게 엽서로 보내세요.

전문용어

화투놀이를 좋아하는 황 집사가 교회 재정부 앞으로 편지를 보냈는데 내용인 즉, 지난 주 자기가 100만 원짜리 수표를 10만 원짜리로 잘못 알고 헌금했으니 90만 원을 돌려 달라는 것이었다.

이 문제를 놓고 고민하던 재정부는 회의를 소집하려 했으나 목사님은 자기가 해결하겠다며 답장을 보냈다.

편지에는 이렇게 써 있었다.

[낙落장張불不입入!]

 **퀴즈**

우리의 구원은 '하나님의 능력'에서 나온 것이다?

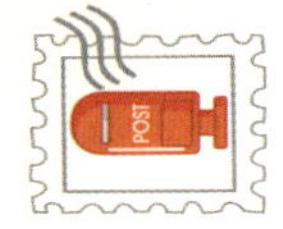

달란트의 활용

옛날 어떤 사람이 눈이 참으로 귀한 줄 알고 한번에 두 눈을 다 쓸 것이 아니라, 한 눈은 잘 보호했다가 한쪽 눈이 나빠지면 그때 쓰리라 생각하고 한 쪽 눈을 늘 싸매고 다녔다. 여러 해 지난 후, 한 쪽 눈이 심한 눈병이 나서 싸매고 아껴 두었던 눈을 풀었지만 그 눈은 이미 실명이 되고 말았다.

하나님께서 우리에게 주신 재능이나 능력을 자꾸 활용하여야 힘도 더 주시고 재능도 더 주시는 것이다.

백만 장자인 당신! 당신은 어떤 방법으로 재산을 사회에 환원하고 싶은가?

성경에 돈은 '모든 악의 뿌리' 라고 했다?

(돈을 사랑함이 일만 악의 뿌리 / 딤전 6:10) × ○

몽학선생蒙學先生

그리스시대에 아이가 자라서 16세가 될 때까지 시중들며 학교에 데려다 주는 임무를 맡은 노예를 말하는데, 보호뿐만 아니라 인도의 역할도 있었다. 바울은 이 용어를 율법에 대한 비유로 사용하면서 율법 아래 사는 사람들의 열등한 상태를 말하였다(갈3:23~24). 그리고 몽학선생을 세상의 초등학문에 비유하였다. 결국 몽학선생은 어린아이를 가르칠만한 선생을 말하며, 그리스도에게 안내하는 안내자 역할을 하는데, 이는 곧 율법을 일컫는 말이다.

유머박사

뜻잇기

낱말의 뜻을 연상하면서 뜻을 이어나가면 뜻 잇기 게임이 된다. 낱말 잇기와 뜻 잇기는 사돈지간이다. 뜻을 이어나가다 보면 의외의 상황과 미처 생각지 못한 것을 깨닫게 되는데 이러한 것들이 유머 창고이다. 낱말을 보면서 그와 연상되는 것들을 생각해 보는 습관을 기른다.

"원숭이 엉덩이는 빨개, 빨가면 사과, 사과는 맛있어, 맛있으면 바나나, 바나나는 길어……"

① 원숭이 엉덩이와 사과는? [빨갛다]

② 사과와 바나나는? [맛있다]

③ 바나나와 기차는? [길다]

④ 기차와 비행기는? [빠르다]

⑤ 비행기와 백두산은? [높다]   & 미스코리아와 엄마는? [예쁘다]

◐ 오른쪽의 엽서를 지금 즐겁게 해줄 이에게 엽서로 보내세요.

9자와 6자

"김 집사님! 지금이 융통이 되지 않아서 그러는데 백만 원만 빌려줄 수 있겠어요?"

"좋아요. 박 집사님! 집사님을 위해서라면 당연히 빌려드리죠."

"그런데 이자는 몇 부 이자로 빌려주실 거예요?"

"9부만 받기로 하지요."

"같은 교인끼리 9부라니요. 하나님께서 굽어보신다면 뭐라고 하시겠어요?"

김집사는 느긋하게 대답하였다.

"하나님께서 하늘에서 굽어보시면 6자로 보이겠지요. 뭐~!"

성경에 돈은 '모든 악의 뿌리' 라고 했다?

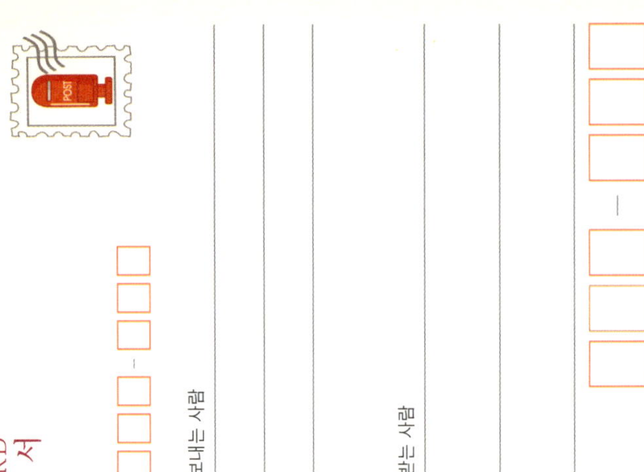

돈

　돈이라고요? 돈은 좋은 것이지요. 그러나 당신은 돈으로 좋은 침대는 살 수 있어도 깊은 잠은 못 살 것입니다. 비싼 책은 얼마든지 살 수 있어도 명석한 두뇌는 돈으로 못 살 것입니다. 음식은 마음대로 살 수 있어도 입맛은 못 삽니다. 아름다운 옷과 장식을 사서 걸칠 수 있어도 참된 아름다움은 못 삽니다. 좋은 집은 살 수 있어도 행복한 가정은 못 삽니다. 약은 살 수 있어도 건강은 못 삽니다. 사치는 마련되겠으나 교양은 돈으로 못 삽니다. 향락은 사겠지만 행복은 못 삽니다. 돈으로 종교는 구하고 인정은 받을 수 있어도 천국의 영생은 못 삽니다. 그러고 보니 예수님을 믿는 신앙보다 돈을 더 높이 평가하고 의지하며 사는 사람은 성경의 말씀대로 틀림없이 어리석은 사람이지요. 그렇지 않습니까?

하나님께서 어느 한 식물과 의사 소통을 할 수 있는 능력을 주신다면, 어떤 식물과 무슨 대화를 나눌 건가?

하나님의 법궤, 즉 언약궤 속에는 십계명의 두 돌 판과 만나 항아리와 지팡이가 들어있는데 지팡이는 '모세의 지팡이'다?

(아론의 싹난 지팡이/ 히9:4) ×

법궤法櫃

구약성경에 나오는 장막帳幕 또는 솔로몬 성전聖殿의 지성소至聖所에 안치되어 있던 거룩한 상자를 말하는데, 십계十誡를 새긴 2장의 석판, 즉 하나님과 이스라엘 백성간의 계약판契約板을 넣어 놓았기 때문에 이렇게 부르게 되었고 '율법의 궤'라고도 한다. 하나님은 여기에서 자기의 뜻을 백성에게 전하고, 하나님과 그 백성이 만나는 장소로 삼았다(출30:6). 법궤에는 하나님이 두 석판에 친히 쓰신 십계명과 광야에서 먹었던 만나 그리고 아론의 싹난 지팡이가 들어있다(언약궤, 황금궤).

유머박사

유머지수와 창의력지수

유머 지수와 창의력 지수는 함수관게이다. 남을 잘 웃기는 사람은 일반적인 사람보다 평소에 항시 시선을 사방으로 고르게 두고, 문제의식을 갖고 사물을 보는 습성이 있다. 왜냐하면, 남을 웃기려면 상대의 기호나 관심거리를 접촉점으로 삼아야 자신의 이야기에 귀를 기울여 주기 때문이다. '자의 반 타의 반'으로 독심술과 상황판단력이 좋고, 남들이 못 보는 것까지 본다. 그래서 개그맨들이 창의력과 아이디어가 좋은 것이다. 유머훈련의 한 방법으로 "만약에 ~ "를 늘 생각해 보면서 나름대로의 답을 찾는다면, 좋은 유머 소재를 많이 건질 수 있다. 그리고 늘 보고 사용하던 물건을 새롭게 생각해 보고 용도를 달리 해 써 보라. 이 책의 '두뇌체조' 코너는 금광金鑛이다. 한 쪽도 빼먹지 말고 성실한 답을 해 보라.

오른쪽의 엽서를 지금 즐겁게 해줄 이에게 엽서로 보내세요.

미움의 끝

목사님이 설교 시간에 교인들에게 물었다.
"성도님들 중에 미워하는 사람이 한 사람도 없는 분, 손들어 보세요."

아무도 손을 들지 않았다. 목사님은 다시 물었다.
"아무도 없어요? 손들어 보세요!"

그 때 저 뒤에 앉아 있던 교회에서 제일 나이 많은 할아버지가 손을 들었다.
목사님이 놀라 큰 소리로 물었다.
"그 비결을 말씀해 주세요."

할아버지는 이가 없어 바람이 새는 소리로 말했다.

"있었는데 이젠 다 죽었어!"

하나님의 법궤, 즉 언약궤 속에는 십계명의 두 돌 판과 만나 항아리와 지팡이가 들어있는데 지팡이는 '모세의 지팡이'다?

남편 십계명

① 비판하지 마십시오.

② 아내에게 안정감을 주십시오.

③ 책임의 영역을 분명히 하십시오.

④ 기념일의 중요성을 기억하십시오.

⑤ 당신의 아내를 강하고 부드럽게 대하십시오.

⑥ 아내에게 칭찬과 위로의 말을 자주 해 주십시오.

⑦ 함께 하고 싶어하는 아내의 마음을 인식하십시오.

⑧ 아내의 기분이 그럴 수밖에 없다는 것을 인정하십시오.

⑨ 아내와 협력하여 보다 나은 결혼생활을 위해 모든 노력을 다하십시오.

⑩ 아내의 특별한 개인적인 욕구를 찾아내서 만족시켜 주려고 노력하십시오.

아울러, 아내가 무엇을 필요로 하며 무엇을 바라며 무엇을 좋아하는지를 알려고 노력하십시오.

크리스천끼리 결혼함에 있어서, 신앙적인 면을 제외하고 가장 큰 결혼조건은 무엇일까?

하늘에 전쟁이 있을 때, 용과 더불어 싸운 천사는 '가브리엘' 이다?

(미가엘 / 계시12:7) ×

신앙信仰

하나님의 계시에 대한 인간의 응답 내지는 하나님의 섭리攝理에 대한 인간의 순종과 신뢰를 말하는 인격적 관계를 의미한다. 그리스도를 영접하는 영혼의 운동으로써 하나님의 약속을 그대로 신뢰하는 것인데, 이는 우상에 대한 신뢰와 무조건적 복종, 불확실한 것을 주관적으로 확실하다고 믿는 신념과는 다르다. 창조주이신 하나님을 믿고, 죄로 인하여 죽게된 영혼이 예수 그리스도로 말미암아 구원의 은총을 입고(요일1:7, 히 9:14), 예수 그리스도(진리)를 믿는 것이다(살후 2:12).

유머박사

유머와 사회생활

어떻게 생각하시나요?

① 유머도 경쟁력이기 때문에 유머 있는 사람이 유리하다?

② 긍정적인 유머는 사람을 끌어당기고, 부정적인 유머는 사람을 내 쫓는다?

③ 경영진의 유머는 일이 구석구석 모두 잘 굴러가도록 만드는 경영수완이 된다?

④ 재미있는 사람에게서 물건을 사려하기 때문에 세일즈맨의 유머는 매출을 늘린다?

⑤ 회사에서 즐거운 시간을 보내면 주머니에 돈을 조금 넣고도 기쁜 마음으로 퇴근한다?

⑥ 유머는 원기회복과 재충전을 시켜주기 때문에 차 한잔의 여유보다 더 효과적이다?

⑦ 유머감각이 뛰어나면 여러 감각에 뛰어나고, 특히 창의력이 뛰어나다?

오른쪽의 엽서를 지금 즐겁게 해줄 이에게 엽서로 보내세요.

천국의 환상

성경 공부 시간에 졸고 있는 청년부의 영진이를 목사님께서 꾸짖으시며 깨웠다.

"영진아, 일어나!"

영진이는 눈을 뜨며 반격을 시작했다.

"목사님! 전 졸은 것이 아니라 잠시 천국의 환상을 봤습니다. 근데 목사님은 안 보이시더라고요!"

목사님은 잠시 눈을 감은 후 다시 눈을 뜨시고 말씀하셨다.

"나도 잠시 천국에 갔다 왔는데 하나님께서 너 왔다갔단 말 없었어!"

하늘에 전쟁이 있을 때, 용과 더불어 싸운 천사는 '가브리엘' 이다?

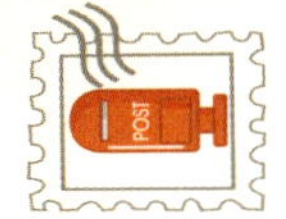

당신이 나를 잊는다하여도

IF WE MEET AND YOU FORGET ME.
우리가 만난 후 당신이 나를 잊는다 하여도

YOU HAVE LOST NOTHING.
당신은 잃는 것이 전혀 없습니다

BUT IF YOU MEET JESUS CHRIST.
그러나 당신이 예수 그리스도를 만난 후

AND FORGET HIM.
그 분을 잊는다면

YOU HAVE LOST EVERYTHING.
당신은 모든 것을 잃게 됩니다.

– 작자미상 –

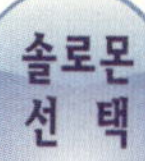

예수님이라면 이 문제(현재 내가 처한 문제)를 어떻게 해결했을까?

나는 성숙한 크리스천이다?

최후最後의 심판審判

세상의 종말에 그리스도가 지상에 재림하여 세상의 시작부터의 전 인류를 심판하여 그를 믿고 가르침을 실행한 자는 구원하고, 그를 믿지 않고 가르침을 실행하지 않은 자를 멸滅하는 심판이다. 세상의 종말에 대한 여러 징조는 전쟁, 기근, 지진, 박해, 가짜 그리스도, 거짓 예언자 등(마24~25장)이고, 많은 환란 뒤에 우주적인 변동이 일어나고, 참 예수 그리스도께서 구름을 타고 재림한다. 그 날은 사람들이 방심하고 있을 때에 갑자기 닥치므로 그때에 후회해도 때는 이미 늦는다. 그리스도의 재림을 준비하는 것이 종말론적인 신앙이다.

유머박사

될때까지 하자! 끝까지 하자!

산 정상까지 오를 수 있는 것은, 산 정상에 오를 때까지 등산을 포기하지 않았기 때문이고, 1등을 하는 선수는 1등을 할 때까지 1등을 포기하지 않았기 때문이다.

어느 임금이 12명의 현인들 불러들였다. "온 백성들이 행복하게 살 수 있는 방법을 찾아라!"고 명령했다. 1년 뒤 현인들은 12권의 책을 만들어 임금께 바쳤고, 이를 본 임금은 분량 때문에, 한 권으로... 한 페이지로... 결국 한 문장으로 만들게 했다. 비로소 만족한 임금은 현인들에게 후한 상을 내렸고, 그것을 온 백성에게 알렸다. 임금이 만족한 문장은 바로 '세상엔 공짜가 없다!' 였다. 정말, 이 세상엔 공짜는 없다. 대가를 치러야 한다. 될 때까지 하면 된다. 끝까지 하자! 그리고 만나면 웃음꽃을 피웁시다!!!

✚ 오른쪽의 엽서를 지금 즐겁게 해줄 이에게 엽서로 보내세요.

관리인

어느 주교가 대학에서 설교를 끝내고 캠브리지의 성 마리아 교회를 방문했을 때, 그가 학생 시절에 근무하고 있던 관리인이 거기에서 계속 근무하고 있는 것을 보았다.

"오랫동안 수고하는군! 건강해 보여서 무엇보다 반갑네."라고 말을 건네자, 관리인이 대답했다.

"정말입니다. 주교님! 감사를 드려야 할 일이 한두 가지가 아닙니다."

"그 중에 한가지만 예를 든다면?"

"저는 여기서 50년 동안 여러 주교님들의 설교를 빠짐없이 들어왔습니다 마는, 고맙게도 저는 아직도 크리스천이라는 겁니다!"

나는 성숙한 크리스천이다?

무엇을 위해서 뛰었나

옛날에 자랑하기를 좋아하는 개 한 마리가 있었습니다. 그 개가 특별히 자랑하는 것은, 자기가 아주 잘 달리는 선수라고 하는 것이었습니다. 그런데 하루는 그 개가 토끼 한 마리를 쫓아갔는데 그만 놓치고 말았습니다. 그것은 대 망신이었습니다. 다른 개들이 마구 놀렸습니다. 그러자 그 개의 대답이 걸작이었습니다.

"자네들이 알아야 할 것은, 그 토끼는 목숨을 위해서 뛰었고, 나는 그냥 저녁 식사거리를 위해서 뛰었다는 점일세!"

*OX퀴즈 정답은 보내이에게 물어보세요! [솔로몬 유머] 중에서...

유머박사 찾아보기

느낌표이야기

참/고/문/헌

제목	출판사	저자
성경책	–	–
탈무드	–	–
성경 예화집	–	–
문답식 성경연구	소문	조기홍
성경 탈무드	선영사	이찬일옮김
성경낱말사전	성도출판사	정훈성 박기원편집
성경퀴즈문제집	일오삼출판사	이영대
성서난제백과	쏘피아	전상보 옮김
하룻밤에 읽는 성서	중앙M&B	김수진옮김
NG 없는 스피치여행	세훈	김주수
X세대 군바리	성하	윤동재
가라사대 별곡	범조사	서정범
감성시대의 칼라마케팅	사민서각	김훈철 장영렬
강도사 목사고시문제집	엠마오	엄도성
거꾸로 달리는 한국의 운전문화	고려원	전국진
거덜 별곡	한나라	서정범
고금소총	대일	이조민속야담연구회
골때리는 유머	신서출판사	유머연구회
쌀복대상 아메리카	리수	빅정칠
골목대장 아메리카	리수	박정철 오승환
공자가 죽어야 나라가 산다	바다	김경일
공자도 빠져버린 섹시유머	일송미디어	하이아트 기획실
김국진의 테마게임	한림미디어	김국진
깔깔 유머 시리즈	나나	오경자
깜짝 유머한마당	고려출판	유승자
끼리여행	일선	원융희
나도 말을 잘하고싶다	도담	이춘섭
나도 심심한데 대통령이나 돼 볼까	사랑과 사람	이철용
너 그거 아니?	문학 세계사	디비딕 닷컴
너 이거 알아? 1, 2	자작나무	최명희 옮김
너덜 별곡	한나라	서정범
너스레 별곡	범조사	서정범
노대통령의 조크	현대문화	장덕균
돈과 인생의 의미	고려원	이희재
딴지일보 1, 2, 3	자작나무	김어준
마케팅 잘하는 사람 잘하는 회사	더난	이장우
말을 듣지 않는 남자 지도를 읽지 못하는 여자	가야넷	이종인옮김
명구절을 찾습니다	앞선책	최명길
목사님 우리들의 목사님	서지원	백현락
무녀 별곡	한나라	서정범
묵찌빠 3행시	솔빛출판	편집부
문답식 성경연구	소문	조기홍
미국폭소 319가지	자유문학사	김진욱
밤새지 마라 말이야	창공사	이성수
배꼽 뒤집어지는 유머	예가	김막동 차귀담
배워서 남주나	가교	장덕균
베터라이프 베스트라이프	태웅출판	김종삼
북녘 신세대 x파일	한뜻	윤웅
비즈니스 유머	지원북클럽	이지훈
사랑을 다루는 77가지 키워드	무크	키튼 장
사오정 시리즈	베스트북스	컬트개그연구회
상식의 오류사전 1, 2, 3	경당	박정미옮김
설득의 회술	서림문화사	서림능력개발자료실
성공의 화술	보성	한국화술연구회
세계유머	대아출판	이성각
세상에 믿어봐 헷갈리네 헷갈려	큰방	김병묵
세상을 거꾸로 보는 농담	정선문화사	이여명 엮음
셜록홈즈 정보테크닉	고려원미디어	이상우 정태원
수수께끼 별곡	범조사	서정범
시험에 안나오는 상식	모아	이원두
신약성서이야기	미래M&B	곽노경옮김
안녕하세요? 맹두칠 차장님	사람들	김경태
알쏭달쏭 수수께끼	솔빛출판	정명호
야한 유머 섹시한 유머 배꼽 빼는 유머 총집합	변인의 길	수선화기획
억억 별곡	한나라	서정범
에로비안 나이트	함께	김재화
엔돌핀 만땅 1	신서출판	유머연구회
엔돌핀 만땅 2	〃	〃

제목	출판사	저자
엔돌핀 만땅 3	〃	〃
엔돌핀 유머 100배 즐기기	보성출판	편집부
여심 공략법	서림문화사	서림능력개발
영파워 가슴을 열어라	장락	기쁜 우리 토요일 제작팀
예스 남성클리닉	모아	서주일 유제명
오늘도 나는 완전한 성을 꿈꾼다.	좋은 벗	이윤수
오늘의 의학 상식이야기	을지출판사	조범래 옮김
우스개 별곡	범조사	서정범
웃음 건강학	예영	김용운
웃음속에 담긴 지혜	여명	이효림
유머 경영	북라인	김희진 옮김
유머 랜드	예원사	꿈꿀권리
유머 사전	문학마을	최성호
유머 주식회사	고려문학사	편집부
유머 처세술	나나	김양배 옮김
유머 철학	평단문화사	편집부
유머 화술	시아출판사	김관호옮김
유머기법 7가지	뜨인돌	김진배
유머로 재치 있게 말하는 사람이 무조건 뜬다	책이있는마을	김석준
유머를 밝히면 세상이 즐겁다	무한	박인욱
유머여행	예원사	꿈꿀권리
유머학	미래문화사	한얼 유머 동호회
유머화술	보성출판사	한국해학연구회
유머화술 95가지	무한	김진배
유머화술 업그레이드	엘맨	김진배
이 책이 세상에서 가장 야한 책 맞나요?	아이노	김재화
이디피에스로 애인 웃기기	예술시대	대단한 녀석들
이벤트보다 돈버는 장사는 없다	다미원	민병근 옮김
이불 속에서 보는 책	출판시대	유머펀치
익살 별곡	한나라	서정범
인체기행	지성사	권오길
일하지 않는 즐거움	중앙 M & B	최복선
자기계발 소프트	여민	유영주 옮김
재미있는 속담풀이	솔빛출판	정명호
재치 있는 말 한마디가 인생을 바꾼다	시아	이정환
조금만 비겁하면 인생이 즐겁다	가서원	전유성
조직을 이끄는 리더의 조건55가지	주변인의 길	강태규 옮김
죽어서도 웃는 돼지가 더 비싸다	명진출판	강제상
준비된 말이 성공을 부른다	가야미디어	이정숙
중국 폭소 유머	보성출판	한국해학연구회
창의력 두 배 키우기	문공사	정창덕
책속의 책 1	우리문화사	폴 임
책속의 책 2	우리문화사	폴 임
처세유머	우성출판	한국유머연구회
코미디 유머	고려문학사	편집부
크리스챤도 웃을 자유가 있다/	쪽지	김형모
토탈유머	보성출판	한국해학연구회
패러디안 나이트	세림	강범준
펄떡이는 물고기처럼	한 언	유영만 옮김
폭소강단	서로사랑	박요한목사
프랑스폭소 280가지	자유문학사	김진욱엮음
하지 말라는 것은 다 재미있다	경당	전유성
학교에서는 가르쳐 주지 않는다	인북스	이규형
학원 별곡	범조사	서정범
한 방에 날려버리는 유머	정민미디어	김승현
한 번 보면 유머 두 번 보면 탈무드	엘맨	이건영
한국 유머	보성	한국해학연구회
한국 유머 1번지	고려문학사	장용환
한국을 웃긴 250가지 유머	삶과 지혜	김웅래 오진근
한국의 유머	이상비	우성
한국의 해학 1권 ~ 10권	청화출판	편집부
한국인 유머	보성	이주훈
한국인 유머	보성출판사	한국해학연구회
한국인의 해학	청음	장지하
한바탕 웃고 나면 아이디어가 샘솟는다	보성출판	한국화술연구회
허허 별곡	범조사	서정범
화성남자 금성여자의 침실 가꾸기	친구미디어	김경숙 옮김
화성에서 온 남자 금성에서 온 여자	친구 미디어	김경숙 옮김
화장실에서 보는 유머	솔빛출판사	유머연구회
화장실에서 보는 책 1	그린비	화장실에서 독서를 즐기는 모임
화장실에서 보는 책 2	〃	화장실에서 독서를 즐기는 모임
화장실에서 보는 책 3	〃	화장실에서 독서를 즐기는 모임
화장실에서 보는 책 4	〃	화장실에서 독서를 즐기는 모임

그리고 인터넷을 통해, 필자와 만나 지면으로 태어난 모든 유머와 성경에 관한 상식들...

솔로몬 유머

초 판1쇄 ― 2007년 1월 30일

엮은이 ― 전 승 훈
펴낸이 ― 채 주 희
펴낸곳 ― 해피&북스

서울시 마포구 망원동 379-41
출판등록 ― 제10-1562호(1985.10.29.)

TEL. ― (02) 323-4060
FAX. ― (02) 323-6416
e-mail ― elman1985@hanmail.net

잘못된 책은 바꾸어 드립니다.

값 13,000원

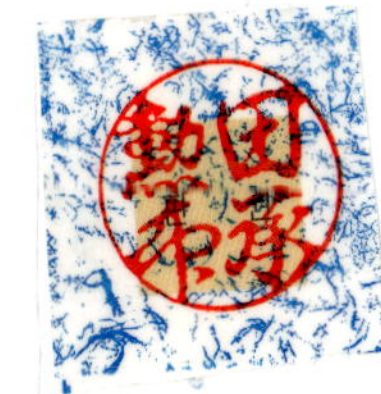

(게임도구 렌탈, 구입시 연락처)
우 150-863
서울시 영등포구 양평동1가 163번지 3층
☎ (02) 2068-2088, 011-282-5840
www.selfevent.com   www.hifun.co.kr

필요할땐 빌려쓴다!
셀프이벤트!!
20여년 간의 현장 경험과 노하우를 바탕으로,
게임도구 개발 제작, 판매 및 대여!
레크리에이션 및 행사 대행
각종 인쇄 홍보물, 현수막, POP제작, 디자인등
전문가들의 집단입니다.
www.selfevent.com
상담문의. 02)2068-2088
놀이와행사

유머·FUN 강사 전승훈 사이트
www.hifun.co.kr
유머가 경쟁력이다!
유머가 경영전략이다!
재미있는 기업이 일류기업이다!

강의문의
02)2068-2355
011-282-5840

www.selfevent.com

www.hifun.co.kr

www.selfevent.com

www.hifun.co.kr